최고의 원격수업 만들기

최고의 원격수업 만들기
학생도 즐겁게 참여하는 온라인수업 디자인

2020년 12월 21일 초판 1쇄 펴냄
2022년 2월 21일 초판 4쇄 펴냄

지은이 권정민

책임편집 정세민
편집 정용준·성유경·이창현
디자인 김진운
표지 일러스트 전세진
본문조판 토비트
마케팅 최민규

펴낸이 고하영
펴낸곳 (주)사회평론아카데미
등록번호 2013-000247(2013년 8월 23일)
전화 02-326-1545
팩스 02-326-1626
주소 03993 서울특별시 마포구 월드컵북로6길 56
이메일 academy@sapyoung.com
홈페이지 www.sapyoung.com

ⓒ 권정민, 2020

ISBN 979-11-89946-88-3 03370

최고의 원격수업 만들기

학생도 즐겁게 참여하는 온라인수업 디자인

권정민 지음

사회평론아카데미

들어가며

학생 성취도에 긍정적인 영향을 미치는 가장 강력한 요인이 무엇인지 아시나요? 그것은 바로 '교사가 학생에 대해 갖고 있는 기대수준'입니다. 그렇다면 반대로 학생 성취도에 부정적인 영향을 미치는 가장 강력한 요인은 무엇일까요? ADHD나 자폐성장애 등의 장애를 제외하면, 학생의 학습을 방해하는 가장 큰 요인은 바로 '지루함'입니다. 지루함은 불안증이나 질병보다 더 부정적인 영향을 주는 것으로 나타났습니다.

이것은 지난 25년간 이루어진 '메타X'라는 프로젝트의 연구 결과입니다. 이 프로젝트에서는 총 3억 명 이상의 학생을 대상으로 한 96,000여 개의 연구를 가지고 1,600가지 이상의 메타분석을 한 뒤, 이를 데이터베이스화하였습니다. 결과가 믿기지 않는다면 데이터베이스에 접속하여 직접 확인해 보시기 바랍니다. 여기, 영어와 통계가 귀찮으실 분들을 위해 내용을 요약해서 보여 드립니다. 다음 표에서 효과 크기가 0에서 마이너스 쪽으로 멀어질수록 학생 성취에 부정적인 영향을 미친다고 생각하시면 됩니다.

영향 요인	효과 크기
ADHD	−0.90
자폐성장애autism	−0.74
지루함boredom	−0.47
불안증anxiety	−0.44
질병illness	−0.44
고정관념 위협(absence of) stereotype threat	−0.33
가정에서의 체벌corporal punishment in the home	−0.33

출처: http://www.visiblelearningmetax.com/Influences

메타X 프로젝트

이렇듯 학생들이 지루함을 느낀다면 학습이 제대로 이루어지지 않을 가능성이 큽니다. 그렇다면 우리가 이 책에서 다룰 원격수업도 지루해서는 안 될 것입니다. 학생들은 지금까지 들어 온 원격수업을 어떻게 느낄까요? 원격수업에 대해 학생들 끼리 하는 이야기를 들어 본 적 있으신가요? 없다면 "원격수업 어떠니?"라고 한 번 물어보시기 바랍니다. 그러면 대학생부터 초등학생까지 모두 똑같은 대답을 할 것입니다. "재미없어요."라고요.

재미없는 원격수업

다음은 초·중·고등학생 및 대학생 800여 명에게 "원격수업을 한마디로 표현한다면?"이라고 질문한 결과를 워드 클라우드word cloud로 시각화한 것입니다.

글자의 크기가 클수록 응답 수가 많다는 뜻입니다. '편하다', '좋다'가 가장 눈에 띄지만 이 응답은 대부분 '학교를 안 가도 돼서 편하다', '마음대로 할 수 있어서 좋다'라는 의미였습니다. 즉, 수업의 내용이 좋다기보다는 몸이 편하고 자유롭다는 것이었습니다. 반면에 '집중 안 됨', '힘들다', '지루하다', '노잼' 등은 내용이나 학습과 관련된 것이었고, 표현도 '편하다', '좋다'에 비해 다양했습니다. 또한 전체 응답을 부정적인 반응과 긍정적인 반응으로 나누어 그 수를 비교하면 부정적인 반응의 수가 훨씬 많았습니다.

여기에 '재미있다', '공부가 잘된다', '집중이 잘된다', '신난다', '기대된다'는 응답이 안 보이는 이유는 무엇일까요? '원격'이기 때문에 그렇다고 생각할 수도 있을 것입니다. 하지만 학생들은 이미 원격으로 많은 것들을 하고 있습니다. 친구와 가상공간에서 만나 게임을 하기도 하고, 온라인으로 쇼핑도 하고, 공연도 보고, 좋아하는 가수에게 투표도 합니다. 학생들은 이런 것들에 대해서는 지루하고 재미없다고 하지 않는데, 왜 원격으로 이루어지는 수업은 유독 부정적으로 느낄까요?

특히 이 설문의 후속 문항에서 응답자의 약 70%가 원격수업의 가장 힘든 점으로 '집중이 안 된다'를 꼽았습니다. 일반적으로 집중이 안 되는 이유는 지루하고 재미없고 무의미하다고 느끼기 때문입니다. 학습자의 학습에 가장 부정적인 영향을 미치는 요인이 지루함인 것을 고려하면, 대부분의 학생이 원격수업을 지루하고 힘들다고 느끼는 이 상황은 국가적인 학습결손으로 이어질 수 있는 상당히 심각한 문제라고 볼 수 있습니다. 원격수업은 지루할 수밖에 없을까요? 정말 원격수업에서는 깊은 학습이 일어나기 어려운 걸까요?

학생이 되어 원격수업을 들어 보다

2019년 저는 미국에서 연구년을 보냈습니다. 연구년 동안 저의 잡다한 관심사들을 제대로 공부해 보고자 여러 나라의 원격수업을 닥치는 대로 들었습니다. 연구년 몇 달 전부터 제가 관심을 갖고 있었던 분야는 학교 공간 디자인이었습니다. 공간 디자인이 아이들의 학습 동기나 행동에 미치는 영향에 매료되어 있었지요. 그래서 뉴욕의 한 인테리어 스쿨에 등록해 온라인으로 수업을 듣기 시작했습니다.

학교에서 수업 교재를 보내 주었는데, 살펴보니 내용은 분명히 교재이지만 딱딱한 교과서처럼 보이지 않았습니다. 아무 때나 부담 없이 읽을 수 있게 잡지처럼 디자인되어 있었고 두께도 얇았습니다. 한 모듈에 그런 잡지가 3~4개 정도씩 들어 있었고, 모듈은 총 20개 정도였습니다.

각 모듈의 마지막에는 배운 내용을 현실에 적용해 보는 단원이 있었고, 학생인 저는 실제로 물감과 연필, 지우개, 자를 사용해 측정을 하고 도면을 그리고 칠을 해서 그 결과물을 우편으로 보내야 했습니다. 그러면 교수자가 과제를 채점해서 우편으로 다시 돌려주었습니다. 온라인수업의 콘텐츠는 대부분 텍스트였고 간혹 비디오가 포함되어 있었는데, 비디오는 모두 인터뷰나 토크쇼 같은 형식이었습니다. 오랜만에 학생으로서 원격수업을 듣는 저에게는 쇼 같은 강의와 잡지 같은 교과서, 그리고 사람이 직접 채점을 하고 자필로 피드백까지 써서 보내 주는 것이 적지 않은 충격이었습니다. '이렇게도 원격수업을 할 수가 있구나!'

일단 저는 그 수업을 듣고 인테리어는 아무나 하는 게 아니라는 것을 알게 되었습니다. 인테리어의 기본은 꼼꼼한 측정인데, 제 손은 그렇게 야무지지 않더군요. 결국 자격증을 따지는 못했지만 원격수업에서 사용하는 여러 전략들에 대해 이전보다 더 깊은 관심을 갖게 되었습니다. 그리고 곧 연구년을 맞은 저는 가능한 한 많은 원격수업을 찾아 들었습니다. 수업에서 가르치는 내용을 알고 싶어서가 50%, 어떤 교수법을 사용하는지 알고 싶어서가 50%였습니다. 원격수업 분야의 산업스파이라고나 할까요? 제 의도를 들키지 않게 내용 공부도 열심히 했습니다.

학교 공간 디자인에 대한 관심은 비형식/자유선택 교육과 박물관 교육에 대한 관심으로 이어졌습니다. 그래서 두 분야의 자격증 과정을 1년간 온라인으로 수강하였습니다. 또 저는 오래전부터 동화책 작가가 되고 싶었기에 그림을 그리고 동화

책을 쓰는 수업도 들었습니다. 한편, 제가 소속되어 있던 미국 대학에서 학생들에게 온라인수업을 할 기회가 생기면서 온라인수업 디자인에 관한 꽤 힘든 트레이닝도 받았습니다. 그러면서 원격수업 플랫폼에 대해서도 속속들이 알게 되었습니다.

코로나가 터지다

저의 연구년은 그렇게 다양한 분야에 대한 원격수업을 수강하고 또 운영하기도 하며 정신없이 지나갔습니다. 귀국할 즈음 저는 약간의 인테리어 지식과 박물관 교육 자격증을 가진 어도비 숙련자, 동화책 작가, 웹툰 작가, 그리고 원격수업 전문가가 되어 있었습니다. 저의 잡기들을 업데이트했다고나 할까요. 저는 한국에서도 훌륭한 원격수업을 해 봐야겠다는 커다란 포부를 품고 귀국했습니다.

때마침 코로나로 인해 저희 대학의 수업 전체가 온라인으로 전환되면서 제 모든 배움을 수업에 쏟아부을 수 있었습니다. 매일 밤 12시까지 학생들이 보낸 카톡에 답해 주고 과제를 채점하며 제가 맡은 수업에 열정을 불태웠습니다. 어떻게 하면 학생들이 더 깊은 학습을 할 수 있을까, 어떻게 하면 스스로 지식을 찾아 자기의 것으로 만들게 도울 수 있을까, 어떻게 하면 수업을 조금이라도 더 흥미롭게 만들 수 있을까를 고민하며 주중이든 주말이든 밤낮을 가리지 않고 일했습니다. 학생들은 기특하게도 열심히 참여하며 지식을 배우고 탐구하는 모습을 보여 주었습니다. 저는 학생의 성장을 함께 경험하면서 이전에는 느끼지 못했던 기쁨을 느꼈습니다.

원격수업, 이렇게밖에 못 하나?

그러다가 4월부터 제 아이들이 다니는 초등학교에서도 온라인 개학을 했습니다. 그런데 이게 웬일입니까? 온라인수업이라고 해서 들어가 보니 담임 선생님의 모습은 어디에도 없고, 처음 보는 강사의 강의 비디오만 링크되어 있었습니다. 이 어린 초등학생들에게 매일같이 그 지루한 '인강'을 들으라니요? 아이들은 EBS 강사 선생님이 담임 선생님인 줄 알더군요. 만약 대학에서 온라인수업을 진행한다면서 담당 교수가 아닌 다른 사람의 강의 비디오만 링크해 놓는다면 어떻게 될까요? 학생들이 배워야 할 것을 제대로 학습하지 못하고 졸업하는 심각한 문제가 생길 것입니다. 학생들이 수업의 질이 낮다며 등록금 반환을 요구할지도 모르지요.

원격수업이 시작된 지 겨우 2주 되던 날, 아이들 입에서 "유튜브에 강의 다 있으니까 학교는 필요없는 거구나! 그런데 그동안 학교는 왜 다녔어?"라는 말이 나왔습니다. 왜 학교는 인강식으로 수업을 해서 아이들의 호기심과 학습 욕구를 다 죽여 버리고, 존재의 필요성을 스스로 약화시키는 걸까요? 아이들의 원격수업을 보며 그 이유가 궁금해졌습니다. 그래서 초등학교 교사들을 대상으로 심층 인터뷰를 하며 연구하기 시작했습니다.

인터뷰를 하면 할수록 대부분의 교사들이 열심히 노력하고 있다는 것을 알게 되었습니다. 교육과정의 문제, 정책적 문제, 사회적 문제 등이 복합적으로 작용하고 있었고, 어느 것 하나 개인의 노력으로 쉽게 바꿀 수 있는 것이 없었습니다. 예컨대 국가가 정한 교육과정은 아시다시피 현장에서 쉽게 바꿀 수 없는 문제입니다. 사회적 문제도 있었습니다. 일부 학부모들이 교사의 얼굴을 캡처해서 가십거리로 삼거나 이른바 '맘카페'에서 교사들을 비교하고 지나친 민원을 제기하는 등 사회 전체가 변화하지 않으면 바뀔 수 없는 수많은 문제들이 있었습니다. 그러니 연구를 할수록 무력감이 느껴지기도 했습니다. 하지만 개인의 힘으로 바꿀 수 있는 것이 하나 있었습니다. 그것은 바로 인강과 다른, 좋은 원격수업의 방법과 모델을 사회에 제시하는 것이었습니다.

그래서 이 책을 썼다

한편, 저에게는 경제학자인 아버지가 있습니다. 아버지는 70세를 바라보는 나이에도 여전히 대학에서 강의를 하십니다. 그런데 코로나가 시작된 2020년 1학기 초반부터 원격수업을 녹화하기 힘들다는 얘기를 종종 하셨습니다. 어떻게 하는지 몰라서 강의를 촬영할 때마다 조교가 도와줘야 한다는 말을 몇 번이나 들었지만 저는 별로 신경 쓰지 않았습니다. 그러다가 학기가 끝난 후 가족끼리 저녁식사를 하는데, 아버지께서 이번 학기 강의평가가 너무 나빠서 상처를 받았다는 이야기를 하셨습니다. 이전에 오프라인으로 하던 수업은 강의실이 꽉 차고 계단에 앉아서 듣는 학생들이 있을 정도로 인기가 많았는데, 똑같은 강의를 온라인으로 했더니 학생들 평가가 너무 안 좋다며 수심이 가득하셨습니다. 딸인 저는 원격수업을 잘하는 방법을 전수하러 전국 단위로 강연을 다니는데, 정작 저의 아버지는 인강을, 그것도 추측건대 아주 재미없는 인강을 해 오신 것입니다.

그래서 이 책을 쓰게 되었습니다. 이 책은 예비·현직교사인 제자들, 제 아이들의 선생님들, 교육학 전문가도 아니고 교수학습적으로 무엇을 바꿀 여지도 많지 않은 분들, 저의 아버지처럼 원격수업에 관한 테크놀로지와 환경이 어렵게 느껴지는 분들, 인강 외에 다른 방법이 잘 떠오르지 않거나 막막한 분들을 위한 책입니다. 그리고 이미 상호작용적 수업을 잘하고 계시는 분들도 더욱 다양한 아이디어를 참고할 수 있을 것입니다. 교수설계에 대한 전공서적은 이미 시중에 많이 나와 있습니다. 하지만 그런 책은 공부할 시간이 없거나 교육학을 잘 모르는 분들에게는 접근성이 낮습니다. 저는 아버지께 설명한다고 생각하며 최대한 쉽게, 그리고 현실에서 바로 적용할 수 있게 책을 집필하였습니다.

이 책을 출판해 주신 사회평론아카데미 고하영 대표님께 감사 인사를 드립니다. 그리고 저의 원격수업 철학을 응원하고 지지해 주시는 여러 교수님들께 감사드립니다. 그리고 언제나 솔직한 피드백을 해 주는 가족과 저의 뮤즈인 두 아이들에게도 감사드립니다. 제 연구의 가장 큰 동기는 저의 아이들입니다. 아이들이 지금보다 나은 세상에서 좋은 교육을 받기를 바라는 마음에서 이 모든 것이 시작되었습니다.

권정민

차례

3강 신나는 실시간 수업 만들기

4강 깊이 있는 참여 수업 만들기

5강 공정하게 평가하기

부록 원격수업의 모델과 예시

1강

원격수업은 인강이 아니다

#원격수업   #학습 시간의 법칙   #실시간 대 비실시간   #보더라인 이론

"원격수업에 100% 집중해 보신 분?"

혹시 게임에 집중하듯이 원격수업에 집중해 본 적이 있나요? 게임은 몇 시간이고 재미있게 할 수 있는데, 왜 원격수업은 그렇게 지루하고 좀이 쑤신 걸까요? 원격수업에 대해 학생들끼리 대화하는 것을 들어 보셨나요? 가장 자주 들리는 단어가 바로 "재미없어."입니다. 초등학생, 중학생, 고등학생, 대학생 모두 재미없다고 말합니다. 원격수업은 왜 그렇게 재미가 없는 걸까요? 원격수업은 꼭 그런 모습이어야 할까요? 하는 사람도, 받는 사람도, 하기 싫은 그런 수업으로 만들어질 수밖에 없을까요?

01 원격수업 = 비디오 강의?

우리는 학생을 자율적인 학습자, 창의적이고 비판적으로 사고하는 학습자로 길러야 한다고 외칩니다. 그래서 중학교에서는 자유학년제를 하고, 초등학교에서는 창의적 체험활동 시간이 보장되어 있습니다. 학생들이 스스로 결정하도록 돕고, 자신의 적성과 꿈에 맞는 활동을 해 볼 기회를 더 많이 주려는 것이 현대 교육이 추구하는 방향이지요. 자율적이고 창의적·비판적인 사고를 하는 사람을 만들어 내기 위해 우리는 끊임없이 교육과정을 수정하고, 교수법을 연구하고, 여러 새로운 시도를 합니다. 심지어 이를 위해 입시 제도도 수없이 바꾸었습니다. 수능시험을 개발하여 시행하고, 입학사정관 제도를 도입하고, 학교별로 다양한 입학 전형을 실시하고 있습니다. 창의융합형 인재를 길러내기 위해 우리는 국가의 제도와 법을 고쳐가면서까지 고민하고 노력해 왔습니다.

그런데 우리의 원격수업은 어떤 모습일까요? 초등학교부터 대학교까지 '인강' 같은 수업이 주를 이루고 있습니다. '원격수업=비디오 강의'라고 생각하고 모두들 비디오를 찍기에 바쁩니다. 실시간 화상수업을 한다고 해도 선생님이 일방적으로 강의를 하는 경우가 많습니다.

> **TIP**
>
> **인강** | '인터넷 강의'의 앞 글자를 따서 줄인 말로, EBS 강의처럼 강사가 강의하는 모습만 주로 나오는 동영상 위주의 강좌 형태입니다.

이렇듯 선생님 혼자 이야기하는 강의, 심지어 알지도 못하는 강사 선생님이 나와서 내용 설명만 하는 강의를 과목별로 종일 들어야 하는 학생들의 입장을 생각해 보시기 바랍니다. 학생들이 원격수업에 대

해 "재미없다." 또는 "왜 듣는지 모르겠다."라고 말하는 것도 이해될 것입니다. 사실 학생들만의 문제는 아닙니다. 온라인으로 연수나 강의를 들어 본 적이 있나요? 그때 컴퓨터로 동영상을 재생해 놓고 다른 창을 띄워 딴 짓을 하지는 않으셨나요? 교수인 저도 온라인 연수를 들을 때 동영상에만 집중하기가 무척 어렵습니다. 온라인게임은 재미있는데, 온라인학습은 왜 이렇게 재미가 없는 걸까요?

원격수업은 꼭 이런 모습이어야 할까요? 하는 사람도 받는 사람도 하기 싫은 그런 수업으로 만들어질 수밖에 없을까요? 아닙니다. 원격수업도 대면수업 못지않게 재미있고 다이내믹할 수 있습니다. 때로는 학습 효과 측면에서 대면수업보다 더 효과적일 수도 있습니다. 그렇다면 학생도 선생님도 즐거운 원격수업, 어떻게 만들 수 있을까요? 이제 여러분에게 여러 가지 교수학습 전략들을 소개하고, 그러한 전략들을 적절히 조합하여 즐거우면서도 질 높은 수업을 만드는 방법을 알려드리고자 합니다. 특히 시중에 많이 나와 있는 교수설계에 대한 전문서적과 달리, 인강에서 벗어나 원격수업을 하는 법을 직접적으로 쉽게 가르쳐 주는 데 중점을 두었습니다.

이 책은 온라인 툴을 사용하는 방법을 알려 주는 것이 주 목적이 아니기 때문에 툴 사용법은 수업 설계와 관련하여 꼭 필요한 부분만 설명하였습니다. 이 책에서 선정한 툴의 기준은 다음과 같습니다.

- ▶ 무료이다.
- ▶ 사용이 쉬워서 초보자도 할 수 있다.
- ▶ 보편적으로 사용된다.

만약 툴에 대해 더 깊이 알고 싶다면 적극적으로 찾아 배우시기 바랍니다. 툴 사용 능력은 아무리 강조해도 지나치지 않습니다. 하지만 컴맹이라도 걱정하지 마세요. 이 책은 툴 사용이 서툴러도 좋은 수업을 할 수 있는 전략들을 소개하고 있습니다. 그러면 이제 본격적으로 상호작용적 원격수업을 만드는 방법에 대해 알아보도록 할까요?

02 원격수업의 종류

우선 원격수업이란 무엇이고 원격수업에는 어떤 것들이 있는지 살펴보도록 하겠습니다. 원격수업은 영어로 'distance learning'입니다. 우리말로 직역하면 '원격학습'이 되겠지요. 그런데 이 원격학습이라는 말이 조금 어색하지 않나요? 우리는 아직까지 원격학습보다는 원격교육 혹은 원격수업이라는 표현을 더 많이 사용하고 있습니다. 이러한 용어 차이는 교육의 주체를 누구로 보느냐 하는 문제와 관련됩니다. 원격학습은 학습자에게, 원격교육은 교수자에게 조금 더 초점을 맞춘 용어라고 볼 수 있습니다. 이 책에서는 그 중간인 '원격수업'이라는 표현을 사용하도록 하겠습니다.

더 알아보기 ▶ **온라인학습과 원격수업의 차이**

원격수업은 온라인학습online learning의 한 종류로, 교사와 학생이 한 공간에 물리적으로 함께 있지 않는 경우만을 의미합니다. 즉, 가르치는 사람과 배우는 사람이 공간적으로 떨어져 있는 상태에서 이루어지는 수업입니다.

반면, 온라인학습은 교사와 학생이 한 공간에 있든 떨어져 있든 관계없습니다. 학습자가 컴퓨터와 인터넷을 이용한다면 모두 온라인학습이라고 할 수 있습니다. 온라인학습은 이러닝 e-learning이라고도 합니다.

교수자

학습자

우리나라에서 원격수업은 크게 세 가지로 나뉩니다. 콘텐츠 제시형, 과제 제시형, 실시간형입니다. 이 중 콘텐츠 제시형과 과제 제시형은 비실시간형에 해당합니다. 비실시간형이란, 학생과 교사가 동시에 접속할 필요 없이 학생이 자신의 속도에 맞게 자율적으로 공부하는 방법입니다. 그럼 세 가지 종류의 원격수업을 좀 더 자세히 알아볼까요?

● 콘텐츠 제시형

콘텐츠 제시형은 녹화된 영상을 보여 주는 것입니다. EBS 강의, 유튜브 동영상, 칸 아카데미Khan Academy, 코세라Coursera 등이 콘텐츠의 예가 될 수 있습니다.

강사가 나와서 강의를 하는 영상 외에 애니메이션, 드라마, 뉴스 등의 영상도 콘텐츠로 사용되곤 합니다. 꼭 영상만 콘텐츠가 될 수 있는 것은 아니고 게임, 음악, 책 등도 콘텐츠에 해당합니다. 그러나 우리나라에서는 동영상이 콘텐츠 제시형의 핵심적 요소로 활용되고 있습니다. 인강은 콘텐츠 제시형에 속합니다.

> **TIP**
>
> **칸 아카데미** | 2008년 설립된 비영리 단체로 전 세계에 무료 온라인 강의를 제공하는 교육서비스입니다.
> **코세라** | 여러 대학과 제휴하여 온라인 공개 수업Mooc: Massive Open Online Course을 서비스하는 플랫폼입니다.
>
>
> 한국 칸 아카데미
> ko.khanacademy.org
>
>
> 코세라
> www.coursera.org

● 과제 제시형

과제 제시형은 학습자에게 과제를 주는 방식입니다. 학습 상황에서는 읽기와 쓰기를 요구하는 과제가 많습니다. 대학의 페이퍼, 초등학교의 독후감이나 일기 쓰기가 대표적인 예입니다. 그러나 읽기와 쓰기 외에도 만들기, 노래하기, 운동하기 등 학습자가 손이나 몸을 움직여 직접 무언가를 해야 하는 모든 것이 과제에 해당합니다.

과제는 콘텐츠와 함께 주어지는 경우가 많습니다. 따라서 과제 제시형과 콘텐츠 제시형을 완전히 구분하기 어려울 때가 있습니다. 그러나 이 두 가지를 반드시 분리할 필요는 없습니다. 오히려 그렇게 하지 않는 것이 더 바람직합니다.

● 실시간형

실시간형은 학생과 교사가 동시에 약속된 플랫폼에 접속하여 실시간으로 상호작용을 주고받는 수업을 의미합니다. 실시간형 수업은 비실시간형보다 더 많은 기술적 환경을 요구합니다. 실시간 화상회의를 지원하는 플랫폼이 있어야 하고, 수업 참여자가 카메라와 마이크가 되는 컴퓨터나 스마트 기기, 안정적인 인터넷 환경, 조용한 공간 등을 확보해야 합니다.

실시간형 원격수업을 하기 위해서는 이와 같이 상당히 까다로운 조건이 충족되어야 하지만, 대면수업과 가장 유사하게 상호작용이 가능하므로 많은 기대를 받고 있는 수업 방식입니다.

> **TIP**
>
> **화상회의 플랫폼** | 여러 사람이 동시에 접속하여 화면과 음성을 공유할 수 있는 서비스를 제공하는 웹페이지나 어플리케이션을 뜻합니다. 줌ZOOM, 구글 미트Google Meet, 웹엑스Webex, 스카이프Skype, 마이크로소프트 팀즈Microsoft Teams 등이 있습니다.

국가에서 원격수업을 이렇게 구분했기 때문에 저도 그에 맞춰 설명하기는 했지만, 사실 원격수업을 이렇게 나누는 것은 바람직하지 않습니다. 이 구분의 맹점은 수업을 설계하는 사람이 세 가지 중 하나를 선택하여 그것만을 사용해야 한다고 생각하게 만든다는 점입니다. 콘텐츠 제시형, 과제 제시형, 실시간형은 원격수업의 전달 방식 혹은 테크닉일 뿐입니다. 피아노 연주로 치자면 스타카토staccato식, 트릴trill식, 레가토legato식이라고나 할까요? 이러한 다양한 테크닉을 이용해서 훌륭한 공연[performance]을 하는 것이 중요하지, 테크닉이 초점이 되어서는 안 됩니다. 원격수업도 악기 연주와 같습니다. 연주자가 다양한 요소들을 적절히 활용하여 관객과 음악적으로 소통하며 깊이 있는 경험을 추구하듯이,

교수자도 다양한 테크닉을 활용하여 학습자와 상호작용하며 깊이 있는 학습을 추구해야 합니다.

최근에는 또 쌍방향형이라는 키워드가 추가되었습니다. '쌍방향이냐, 아니냐' 역시 잘못된 프레임입니다. 쌍방향은 기술의 이름일 뿐, 수업의 질과는 관계가 없습니다. 쌍방향 기술을 이용하지만 여전히 일방향적 수업을 하는 경우가 허다합니다. 그러니 쌍방향 수업을 강조하는 것만으로는 수업의 질을 높이지 못합니다.

쌍방향 기술을 사용하지 않고도 충분히 상호작용적인 수업을 할 수 있습니다. 상호작용적 수업은 다양한 테크닉을 사용하는 '기획력'에 달려 있는 것이지 '기술' 자체에 달려 있는 것이 아니기 때문입니다. 단순히 마이크와 스피커를 사용한다고 해서 관객과 쌍방향 소통을 한다고 말할 수는 없는 것과 같습니다. 기획을 잘못한다면 이러한 기술이 관객을 더 괴롭게

할 수도 있습니다.

원격수업이 발전한 다른 나라들에서는 원격수업의 방법이나 종류를 대개 실시간형과 비실시간형 정도로 나누고 있습니다. 혹은 온라인과 오프라인의 비율에 따라 온라인 러닝과 블렌디드 러닝blended learning 정도로 구분합니다.

> **TIP**
>
> **블렌디드 러닝** | 혼합형 학습이라고도 합니다. 보통 오프라인 대면학습과 온라인학습을 결합한 학습 방법을 뜻하며, 두 학습의 장단점을 보완할 수 있다는 측면에서 주목받고 있습니다. 학교나 학급이라는 물리적 울타리 내에서만 이루어질 수도 있고, 학교 내에서의 학습과 학교 밖에서의 학습을 연결하는 방식으로 이루어질 수도 있습니다.

교육 활동은 콘텐츠, 과제, 토론 등을 모두 포괄하여 이루어지기 때문에 원격수업을 콘텐츠 제시형, 과제 제시형, 실시간형으로 구분하는 것은 교육의 질을 낮추는 결과를 초래할 수 있습니다. 우리가 대면수업을 이 세 종류로 구분하지 않듯이 원격수업도 그렇게 나누어서는 안 됩니다.

원격수업의 종류를 굳이 나누자면 인강형과 상호작용형으로 구분하는 것이 바람직하다고 생각합니다. 그래야 교수자가 상호작용형 수업을 고민하며 '어떻게 수업을 상호작용적으로 설계할 수 있을까?'를 생각하거나, 인강형 수업을 구상하며 '어떻게 더 나은 강의를 만들 수 있을까?'에 집중할 수 있기 때문입니다. 수업의 종류를 총체적인 결과물이 아닌 테크닉으로 구분하면 교육의 초점이 엉뚱한 곳에 맞춰지게 되고, 그 결과 수업의 질이 낮아지게 됩니다.

03 동영상 없는 온라인수업?

동영상이 없는 온라인수업이라니…. 이 책을 읽고 있는 독자들 중에는 상상조차 안 된다는 분들도 있을 것 같습니다. 하지만 교육학에서 추구하는 온라인수업, 선진국의 학교들이 제공하는 온라인수업에서는 동영상을 핵심 요소로 보지 않습니다. 다음은 미국 오리건 주립대학에서 실시하는 온라인수업의 예시입니다.

예시 **오리건 주립대학의 원격수업** 3학점 수업 주간 커리큘럼

교수 인사 및 학습 목표 설명 동영상 보기	문제제기형 질문에 대해 답변 게시하기	논문과 북 챕터 5~10편 정도 읽기	읽은 내용을 토대로 게시판에 글을 써서 토론에 참여하기	자신의 학습을 돌아보며 점검하기
4분	시간 자율	시간 자율	시간 자율	루브릭에 체크

동영상이라고는 수업을 시작할 때 교수가 나와서 인사하고 이번 주 학습의 목표에 대해 설명하는 4분짜리 영상 외에는 없습니다. 그렇다면 주된 교수학습 활동은 무엇일까요? 토론과 읽기, 쓰기입니다. 논문을 일주일에 5~10편씩 읽기 위해서는 하루에 한두 편씩 읽어야 하는데, 한 편의

논문을 읽는 데 짧게는 몇 시간부터 길게는 종일 걸리기도 합니다. 이 커리큘럼에 따르면 학습자는 논문을 읽기만 하는 것이 아니라, 읽은 내용으로 토론도 해야 하고 한 달에 한 번 정도 페이퍼도 작성하여 제출해야 합니다.

다음은 미국의 또 다른 주립대학인 조지메이슨 대학의 온라인수업 예시입니다. 이 강좌도 동영상 강의 없이 읽고 쓰고 직접 해 보는 활동으로만 이루어져 있습니다. 특히 자신의 생각을 글로 정리하고 토론하는 것이 학습 활동의 핵심임을 알 수 있습니다. 또한 수업의 중요 목표로 학생들 간의 라포rapport 형성을 명시한 점이 눈에 띕니다.

> **예시** **조지메이슨 주립대학의 원격수업** 학습 활동 스크린샷

Create Thread

When your instructor creates a forum, they have the option of allowing you to start threads. More Help

Indicates a required field.

FORUM DESCRIPTION

You have played at least one offline game and one online game.

On this board, write a blog post about the two games you played. Make sure to include the following:

1. A picture/screenshot of each of the games you played

2. Why you chose the game and what meaning it has to you

3. Why you found the game engaging

Also, you are required to write a reply to at least FIVE of your classmates. The object of this replying activity is to encourage you to get to know each other better by reading about the games they chose, what meaning it had for them, and why they found it engaging. Although this is not a typical self-introduction, through this activity, I am hoping that you will learn about each other in depth by talking about the game experiences and meanings.

포럼 설명

적어도 하나의 오프라인 게임과 온라인게임을 합니다.

이 게시판에 두 게임에 대한 포스팅을 작성하세요. 다음의 내용을 포함해야 합니다.

1. 자신이 한 게임 각각의 사진 또는 스크린샷
2. 그 게임을 선택한 이유와 자신이 생각하는 그 게임의 의미
3. 그 게임이 흥미롭다고 생각하는 이유

또한 여러분은 최소 5명의 동료들에게 댓글을 달아야 합니다. 이 활동의 목적은 동료들이 선택한 게임이 무엇이며, 그것이 그들에게 어떤 의미가 있는지, 그리고 왜 그것이 매력적이라고 생각했는지 읽어봄으로써 서로를 더 잘 알게 되는 것입니다. 이것은 전형적인 자기소개서가 아닙니다. 이 활동을 통해 자신의 게임 경험과 의미에 대해 이야기하면서 서로에 대해 깊이 있게 배우기를 바랍니다.

ASSIGNMENT INFORMATION

Points Possible
1

Assignment

Based on your discussions, write a short paper on what makes a game engaging.
Identify at least 10 game elements in your paper. Then, discuss how these elements
could be used in your classroom to promote student engagement in learning. The
paper should be 3-5 pages excluding the reference page. Submit the paper on
blackboard.

ASSIGNMENT SUBMISSION

Text Submission   Write Submission

과제

토론 내용을 토대로, 게임을 매력적으로 만드는 것에 대한 짧은 페이퍼를 쓰세요. 페이퍼에서는 10개
이상의 게임 요소를 다루어야 합니다. 그다음, 수업에서 학생의 학습 참여를 촉진하기 위해 이러한 요
소들이 어떻게 사용될 수 있는지 토론하세요. 페이퍼는 참고문헌을 제외하고 3~5쪽이어야 합니다. 페
이퍼는 블랙보드에 제출하세요.

이처럼 학습자들은 동영상 없이도 온라인으로 많은 양의 학습을 할 수
있습니다. 대학 수업이라서 그런 걸까요? 그렇다면 미국 버지니아주 페
어팩스 카운티 공립초등학교의 6학년 수업을 살펴보겠습니다.

예시 **페어팩스 카운티 공립초등학교의 원격수업** 6학년 하루 수업 시간표

선생님, 친구들과 줌으로 상호작용 (모닝 미팅)	구글 클래스룸을 이용한 협력적 쓰기 수업	과학 과목 선생님과의 줌 미팅	학습 꾸러미와 실시간 소그룹 토론방을 이용한 사회 수업	프로젝트형 창의적 체험활동 수업
9:30~10:15	10:15-11:00	11:00-11:25	11:25-11:45	11:45-12:10

이 수업 예시를 보면 녹화된 영상을 전혀 사용하지 않는다는 것을 알 수 있습니다. 주요 활동은 쓰기, 토론하기, 프로젝트 수행하기입니다. 실시간 줌 미팅이 있기는 하지만 30분 정도로 짧게 이루어집니다.

다음은 앞서 예시로 든 6학년 학급의 원격수업 주간 시간표 예시입니다.

예시 페어팩스 카운티 공립초등학교의 원격수업 6학년 주간 시간표

	월	화	수	목	금
읽기	• 이해 활동 • 어휘 활동	• 논픽션 글의 특징 • 어휘 활동	• 논픽션 글에서의 추론 • 어휘 활동	• 논픽션 글의 주제	• 어휘 퀴즈
쓰기	• 쓰기선택판에서 골라 쓰기	• 쓰기선택판에서 골라 쓰기	• 쓰기선택판에서 골라 쓰기	• 쓰기선택판에서 골라 쓰기	• 못 끝낸 글 마무리하기
수학	• 주식 프로젝트 • 매일 수학	• 우리 집 비율 계산하기 • 매일 수학	• 쓰레기를 던져 넣는 비율 계산하기 • 매일 수학	• 동계올림픽 웹퀘스트 • 매일 수학	• 주식 프로젝트 마무리하기
과학			이번 주는 과학 수업이 없음		
사회	• 루이지애나 역사 웹퀘스트 • 산타페와 캘리포니아 트레일 비교하기	• 눈물의 트레일 • 구글 문서	• 트레일 위의 발명품 • 구글 폼	• 트레일 계획하기	• 못 끝낸 활동 마무리하기
기타	• 진진가 게임 • 긍정 프로젝트	• 인내심 비디오 보고 토론	• 논픽션 글에서의 추론 • 어휘 활동	• 긍정 프로젝트	• 한 주 마무리 인사

그럼 우리나라의 원격수업은 어떻게 진행되고 있을까요? 다들 어느 정도 아시겠지만, 예시를 한 번 보겠습니다. 우선 대학교의 원격수업 예시입니다.

녹화된 강의

....
2~3시간

대학 원격수업은 3학점 강의를 기준으로 일주일에 2~3시간 분량의 녹화 영상을 제공하는 경우가 많습니다. 결국 한 학기 동안 과목당 20개 이상의 동영상 강의를 시청하는 형태죠. 이러한 수업 방식에서는 교수와 학생의 상호작용도, 학생들 간의 라포 형성도 찾아보기 힘듭니다.

초등학생은 조금 다를까요? 다음 예시처럼 봐야 하는 동영상의 시간만 짧아졌을 뿐 주된 교수학습 활동이 녹화 강의 시청이라는 점에서는 크게 다르지 않습니다.

예시 **우리나라 초등학교의 원격수업** 6학년 하루 수업 시간표

과목 ① 외부 동영상 강의 보고 교과서 풀기	과목 ② 외부 동영상 강의 두 편 보기	과목 ③ 외부 동영상 강의 보고 교과서 풀기	과목 ④ 외부 동영상 강의 한 편 보기
25분	20분	20분	15분

이번에는 e학습터를 통해 제공되는 우리나라 초등학교 6학년의 하루 수업 예시를 보겠습니다.

예시 **e학습터의 초등학교 원격수업** 6학년 하루 수업 진행

예시에서 볼 수 있듯 1교시에서 6교시까지 녹화된 영상이 주요 콘텐츠입니다. 대학교 수업은 담당 강사가 직접 강의하는 경우가 대부분이지만, 초등학교 수업은 외부 콘텐츠를 링크해 주는 경우가 많습니다. 고등학교는 실시간이든 비실시간이든 대부분 인강식 수업을 합니다. 이와 같이 상호작용이 거의 없는, TV 보고 문제집 풀기와 다르지 않은 교육 방식이 원격수업의 주류를 이루고 있는 것이 우리의 현실입니다.

여러분의 원격수업은 어떻게 구성되어 있나요?

빈칸에 자신의 수업을 분석해 보시기 바랍니다.

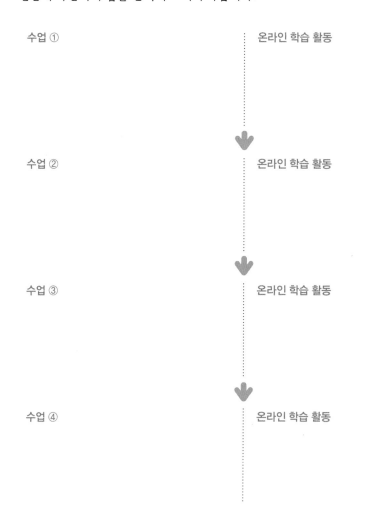

수업 ①　　　　　　　　　　　　　　　온라인 학습 활동

수업 ②　　　　　　　　　　　　　　　온라인 학습 활동

수업 ③　　　　　　　　　　　　　　　온라인 학습 활동

수업 ④　　　　　　　　　　　　　　　온라인 학습 활동

* '수업 ①, 수업 ②, 수업 ③, 수업 ④'는 과목이 각기 다른 '1교시, 2교시, 3교시, 4교시'가 될 수도 있고, 하나의 과목에 대한 '1차시, 2차시, 3차시, 4차시'가 될 수도 있습니다.

04 인강, 무엇이 문제일까

그렇다면 인강이 꼭 나쁘기만 한 걸까요? 네, 감히 그렇다고 할 수 있습니다. 인강은 현대의 교육철학, 그리고 우리가 추구하는 창의융합형 인재상과는 매우 동떨어진 교육 방법입니다. 인강은 강사가 일방적으로 학습 내용을 전달하는 강의로, 교육학적으로 볼 때 매우 구시대적이고 질이 낮은 교육 방법인 것이죠.

우리나라 학생들이 인강을 듣는 목적은 오직 하나, 바로 '암기'입니다. 인기 있는 인강 강사들은 강의를 재미있게 잘합니다. 그러나 아무리 재미있어도 이 강의의 궁극적인 목적은 알려 주는 대로 이해하고 암기하는 것입니다. 학생들이 인강을 들으며 무엇을 하나요? 강사가 하는 말을 열심히 받아 적습니다. 이는 암기를 위한 것입니다. 인강을 들으며 필기를 하는 식의 수업에는 창의적 사고도, 비판적 사고도 끼어들 여지가 없습니다. 우리나라에서 인강이 매우 인기 있는 것을 보면, 입시 제도가 여러 번 바뀌었다 해도 여전히 암기 위주의 시험과 주입식 교육에서 벗어나지 못했음을 알 수 있습니다.

암기도 학습에 필요하지 않느냐고 반문할 수 있을 것 같습니다. 물론 암기도 필요하지요. 그런데 학생들이 교육을 통해 궁극적으로 배워야 하는 것은 무엇일까요? 다음 그림은 미국의 교육심리학자인 벤저민 블룸Benjamin Bloom이 교육 목표를 위계적으로 분류하여 제시한 것입니다.

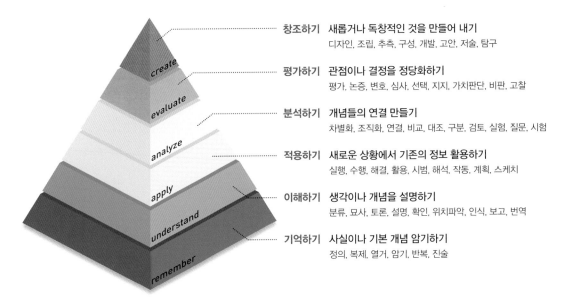

블룸의 교육 목표 분류법(2001년 밴더빌트 대학교 공식 수정모델)

블룸의 분류법Bloom's Taxonomy이라고 불리는 이 분류법은 현대 교육학을 지배하고 있다고 해도 과언이 아닙니다. 블룸은 교육의 목표에는 낮은 수준과 높은 수준이 있다고 보았습니다. 하위수준의 교육 목표는 그림에 있는 피라미드의 가장 아랫부분인 '기억하기remember'와 '이해하기understanding'입니다. 그다음 중간수준이 '적용하기apply'와 '분석하기analyze'이고, 상위수준이 '평가하기evaluate'와 '창조하기create'입니다.

인강은 이 여섯 개의 수준 중 어느 수준의 교육일까요? 가장 아래 수준인 '기억하기'와 '이해하기'일 것입니다. 기억하기와 이해하기도 중요하지만, 교육이 거기서 멈추어서는 안 됩니다. 우리의 원격수업이 인강에 머물러서는 안 되는 이유입니다.

인강에만 의존하지 않는다면, 원격수업으로도 중간수준과 상위수준의 교육을 모두 할 수 있습니다. 이를 가능하게 하는 열쇠가 바로 '상호작용'입니다. 일방적인 강의가 아닌 상호작용적인 수업을 통해 교수자는 학습자를 적용, 분석, 평가, 창조의 경지까지 이르게 할 수 있습니다.

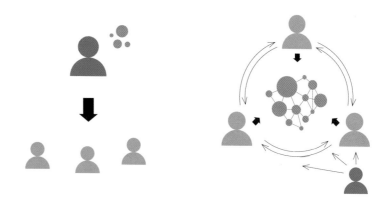

인강의 교수학습 모형 – 일방적 수업　　　**현대 교육의 교수학습 모형 – 상호작용적 수업**

　일방적인 수업은 지식을 먹여 주기만 하는 교수법입니다. 학생이 무엇을 궁금해하는지, 잘 따라오고 있는지, 강의를 듣고는 있는지 상관없이 혼자 떠드는 강의를 한 번쯤은 들어 보았을 것입니다. 인강만이 아니라 교장선생님의 훈화나 대학에서의 대형 강의도 비슷한 것이지요. 아니면 꼭 강의가 아니더라도 교수님이나 직장 상사가 여러분을 세워 놓고 혼자서 수십 분 동안 이야기하는 것을 듣고 있어야 했던 경험이 있지는 않나요? 그때 얼마나 괴로웠나요? 상호작용을 하고 싶어도 그럴 기회를 주지 않는 일방적인 관계는 누구나 힘듭니다. 이와 마찬가지로, 일방적인 강의 역시 학습자를 괴롭게 합니다.

　상호작용적인 수업에서는 교사가 일방적으로 지식을 먹여 주지 않습니다. 학생들끼리 대화와 상호작용을 통해 스스로 지식을 만들어 가지요. 필요하면 학생들이 교사에게 도움을 요청합니다. 이렇게 형성된 지식은 학습자의 삶에 훨씬 가깝고 의미 있으며 쉽게 잊히지 않습니다. 그리고 교사가 가진 낡은 지식이 아닌 생동하는 현재의 지식이 만들어지게 됩니다.

물론 인강이 갖는 장점도 있습니다. 강의를 만드는 데도 듣는 데도 어려운 기술이나 많은 장비가 필요하지 않아 비용이 비교적 적게 소요된다는 점입니다. 그래서 개발도상국이나 IT 인프라가 취약한 국가에서는 인강 모델이 효과가 있습니다. 그 대표적인 예가 바로 우리가 잘 아는 TV 프로그램인 〈세서미 스트리트Sesame Street〉입니다. 〈세서미 스트리트〉는 어린이를 위한 교육 프로그램으로, 1969년 처음 방송된 뒤 전 세계적으로 인기를 끌었습니다. 현재까지도 〈세서미 스트리트〉는 교육적으로 가장 많은 영향을 끼친 프로그램으로 인정받고 있습니다. 최소의 비용으로 최대의 교육 효과를 냈을 뿐 아니라, 특히 소득이나 교육수준이 낮은 가정과 국가에서 가장 큰 효과가 입증되었습니다. 우리나라도 EBS 프로그램을 통해 사교육비를 줄이고 사회경제적 계층 간의 교육 격차를 줄이려고 노력해 왔고, 이는 어느 정도 효과가 있었습니다.

인강식 수업, 일방적 콘텐츠 제공 위주의 원격수업은 시대와 상황에 따라 필요한 모델이 될 수도 있습니다. 그러나 선진국 대열에 진입한 우리나라에서는 인강식 모델이 더 이상 보편적인 교육 모델이 되어서는 안 됩니다. 인강은 다량의 정보를 암기해야 하는 입시에는 효과적일 수 있습니다. 그러나 깊이 있는 학습, 창의적이고 비판적인 사고를 향상시키는 교육에는 효과적인 방식이 아닙니다.

잠깐!
이 책에서 말하는 '일반적인 학습자'란

"저는 고등학교 때 인강을 재미있게 잘 들었는데요."라고 말하는 독자가 있을지 모르겠습니다. 이 책에서 말하는 일반적인 학습자란 큰 시험을 앞둔 수험생을 제외한 학습자를 의미합니다. 입시생이나 수험생은 입시라는 동기가 강력하게 작용하는 특수한 집단이기 때문에 이 책에서 말하는 일반적인 학습자에 포함시키지 않았습니다.

여러분은 대면수업에서 상호작용을 어떻게 촉진해 왔나요?

원격수업에서 상호작용을 촉진시키려면 어떻게 해야 할지 생각해 봅시다.

상호작용	대면수업에서	원격수업에서
교사-학생 상호작용		
학생-학생 상호작용		
교사-가정 상호작용		

05 학습결손과 학습 시간의 법칙

원격수업의 가장 큰 문제점으로 꼽히는 것 중 하나가 학습결손입니다. 학습결손은 왜 일어나는 것일까요? 학습결손을 최소화하기 위해서는 어떻게 해야 할까요?

교수자의 역량, 학습자의 역량, 학습 내용의 난이도, 집중력 등 다른 모든 조건이 동일할 때 공부하는 시간이 늘어나면 학습량은 많아집니다. 이것은 매우 단순하면서도 강력한 원리입니다. 학습자가 학습 내용에 더 많은 시간을 들여서 상호작용하고 연구하며 만들고 배울 때, 학습자는 그 내용에 대해 더 잘 알게 되고 더 높은 성취를 이룹니다.

맬컴 글래드웰Malcolm Gladwell이 소개한 '1만 시간의 법칙'이 바로 이 원리에 기초한 것입니다. 시간을 더 많이 들일수록 능력이 향상되는데, '전문가master' 수준에 이르기 위해서는 1만 시간을 들여야 한다는 것입니다. 우리는 학습자가 당장 1만 시간을 들이기를 기대하지는 않습니다. 하지만 시간을 많이 들일수록 학습량이 많아진다는 교육학의 오래된 원리는 원격수업에도 그대로 적용됩니다.

그런데 수험생을 제외하고, 원격수업에서 인강에 오랜 시간 집중할 수 있는 학생이 몇 명이나 될까요? 100% 원격 콘텐츠에만 집중하기 위해서는 그 콘텐츠가 할리우드 영화처럼 긴장감이 있거나, 우리나라 드라마처럼 복잡하면서도 흥미진진한 스토리로 진행되거나, K-pop처럼 현란한 비주얼과 사운드가 있어야 가능할 것입니다. 아니면 TV 예능프로그램까지 진출한 인기 강사처럼 강의력이 탁월하거나, TED처럼 하나의 짧은 강연을 위해 수많은 사람이 몇 개월씩 준비해야 가능하겠죠. 또는 당장 무엇을 고치거나 만들어야 하는데 방법을 몰라 유튜브 영상을 보면서 따라 할 때도 100% 집중한다고 볼 수 있습니다.

그러나 원격수업은 영화나 드라마, K-pop과 같은 연출력을 갖추기 어렵습니다. 인기 강사의 강연이나 TED 강연, 유튜브의 DIY 영상도 한두 번은 집중해서 보겠지만 원격수업처럼 오랫동안 정기적으로 봐야 한다면 계속해서 집중하기는 어렵습니다.

또한 인강 후에 별다른 과제나 활동, 퀴즈가 없다면 비디오를 시청하는 것으로 수업이 끝납니다. 틀어 놓고 다른 일을 하다가 영상이 끝나면 그날 수업에 다 참여했다고 여기기 쉽습니다. 정작 학습에 들인 시간은 거의 없는데도 말이지요. 이런 인강식 시스템에서 원격수업이 특히 더 큰 학습결손을 초래하는 것은 당연한 결과입니다. 학습에 참여하는 시간이 적어 학습량이 줄어들기 때문입니다.

다시 강조하자면, 학습결손을 최소화하기 위해서는 학습자가 학습에 더 많은 시간을 들이도록 해야 합니다. 그러려면 학습자가 집중할 수 있게 수업을 구성해야 하지요. 또한 절대적인 학습량뿐만 아니라 학습의 질, 즉 깊이 있는 학습도 추구해야 합니다. 이러한 학습은 상호작용적 수업을 통해 성취할 수 있습니다.

06 교수학습 원리는 온라인에서도 똑같이 적용된다

교사가 되고자 하는 사람들은 대학에서 교직 과목을 이수해야 합니다. 교육철학, 교육사회학, 교육심리학, 특수교육개론과 같은 이름의 수업들이지요. 그런데 "전공 수업도 아니고 임용 시험에도 안 나오는데 굳이 이런 수업들을 들을 필요가 있나요?"라고 묻는 학생들을 종종 만나곤 합니다. 그러한 질문에 대한 답은 분명합니다. "그렇다!"입니다.

교육철학은 지금 이 시대에 이루어지는 교육의 가치와 방향을 이해하는 데 필요하고, 교육사회학은 학교와 교육의 기능을 이해하는 데 필요하며, 교육심리학은 인간을 이해하고 교수학습 방법을 잘 활용하기 위해 필요합니다. 물론 저도 학생일 때는 그 필요성을 잘 이해하지 못했습니다. 하지만 가르치는 직업을 갖게 되고 잘 가르치려고 노력하고 연구하다 보니 그런 과목에서 배운 것들이 얼마나 중요한지 깨닫곤 합니다.

대부분의 선생님들은 교직에서 배운 여러 교수학습 이론들이 일반적인 교실수업 상황에서 중요하다는 것을 알고 있을 것입니다. 가장 대표적인 예가 앞서 말한 '상호작용의 중요성'입니다. 교실에서 선생님 혼자 일방적으로 떠드는 수업은 수업 모형 중 가장 질이 낮은 수업으로 여겨집니다. 현대 교육심리와 교육철학의 선구자인 레프 비고츠키 ▶▶p.042 는 진정한 학습, 깊이 있는 학습deep learning은 오로지 상호작용을 통해서'만' 일어난다고 했을 정도입니다. 그래서 선생님들은 학생들에게 질문을 하고, 토론을 시키고, 학생들이 잘 따라오고 있는지 확인하고, 발표도 시키면서 수업을 합니다.

그런데 인강형 원격수업에서는 이러한 상호작용이 거의 없습니다. 인강이라는 모델이 이러한 상호작용적 모델에 기초하고 있지 않기 때문입니다. 인강은 암기를 해서 시험을 봐야 하는 수험생들에게는 유용할지 몰라도, 그 외 대부분의 학습자에게는 의미 있는 학습 경험을 주지 못합니다.

원격수업 환경에서 학습자가 괴롭지 않은, 즉 즐겁고 깊이 있는 학습이 일어나며 학습 효과가 높은 수업을 하려면 어떻게 해야 할까요? 많은 교수자들이 이것을 어려워합니다. 부분적인 이유는 마음속에 갖고 있는 원격수업에 대한 모델이 인강밖에 없기 때문일 것입니다. 그러나 한편으로는 인간은 기존의 플랫폼에서 형성된 가치를 새로운 플랫폼에 곧바로 적용하지 못하는 경향이 있기 때문이기도 합니다.

우리가 교실수업이라는 플랫폼에서 중요하게 여겼던 가치들을 한 번 생각해 볼까요?

수업에서 중요한 가치와 교수학습 원리

이 그림처럼 수업에서 중요하게 추구되는 가치에는 교사와 학생 간의 라포 형성, 상호작용, 토론, 창의성, 비판적 사고력, 적극적 학습자, 자기 주도적 학습자, 프로젝트 학습, 융합형 수업, 개별화 교육 등이 있습니다. 이것은 현대 교육학에서 말하는 구성주의, 사회적 구성주의, 인지적 구성주의, 사회적 학습이론, 자기효능감 이론, 인지주의, 행동주의 등에서 중요시하는 가치들입니다.

그런데 교실이라는 플랫폼에서 온라인이라는 플랫폼으로 이동하면서 많은 교수자들이 이러한 가치들을 함께 이동시키지 못했습니다. 교실 환경에서 사용하던 좋은 교수법들을 온라인 플랫폼에서 활용하지 못하거나, 하고 싶어도 방법을 모르는 것입니다.

그러나 우리가 알고 있는 교수학습의 원리들은 교실이냐 온라인이냐에 관계없이 똑같이 적용됩니다. 교실에서처럼 온라인에서도 교사와 학생 간의 라포 형성, 상호작용, 토론, 창의적·비판적 사고력, 자율적이고 자기주도적인 학습, 프로젝트 수업 등이 효과가 있고 또 중요하다는 이야기입니다.

간혹 "교육학 책에 나온 지식은 모두 필요 없는 지식이다."라고 말하는 분들을 만나곤 합니다. 이는 마치 의사가 의학 책에 적혀 있는 지식을 모두 거부하는 것이나 마찬가지입니다. 우리는 그런 의사를 '돌팔이'라고 부릅니다. 교육학 이론들은 헛소리가 아닙니다. 연구에 의하면 유능한 교사는 누구보다 더 교육학의 기본 원리를 중요하게 생각하고 충실하게 따릅니다. 따라서 유능한 교사는 대면수업에서의 교육의 가치를 원격수업에서도 실현하기 위하여 고민하고 애씁니다.

07 지식은 어떻게 습득될까

여기에서 잠시 교육학에서 중요한 원리들을 짚고 넘어가려 합니다. 교육학은 '지식이란 무엇인가'(존재론), '지식을 어떻게 아는가'(인식론), '지식을 어떻게 습득하는가'(방법론)에 대한 철학적 관점에 기반한 학문입니다. 미시적이면서도 포괄적이고 기초적이면서도 응용적인, 사회학·심리학·생물학·철학·인류학이 모두 복합된 학문이기도 하지요. 이러한 교육학의 원리들은 시대를 지배하는 가치와 과학기술의 발전에 따라 변화합니다.

이 장에서는 특히 지식이 어떻게 습득되는지, 그 방법론에 대해 설명하고자 합니다. 과거에는 지식이 한쪽에서 다른 쪽으로 일방적으로 전달된다고 생각했습니다. 그러나 현대 교육학에서는 지식이 전달되는 것이 아니라 개인 내에서 혹은 사람들 사이에서 만들어진다고 봅니다. 여기에서 그 모든 이론을 설명하기는 어렵지만, 현대 교육학의 기초 벽돌이 되는 몇 가지 원리들을 안다면 새로운 자료나 수업을 만들어 낼 때 일관된 방향성을 견지할 수 있을 것입니다.

1 지식에 대한 구성주의적 이해

현대 교육학에서는 학습자가 수동적으로 지식을 받아들이기만 한다고 보지 않습니다. 진정한 학습은 학습자가 스스로 지식을 만들어 갈 때 일어 난다고 보지요.

이때 지식이 만들어지는 방법에는 크게 두 가지 관점이 있습니다. 첫 번째는 지식이 개인의 인지 내에서 만들어진다는 관점입니다. 여기서 강조되는 것은 '만들어진다'는 점입니다. 우리는 흔히 지식이 외부로부터 '주어진다'고 생각합니다. 하지만 이 관점에서는 학습자가 적극적으로 의미를 부여하고 참여하여 지식을 '만들어 낸다'고 봅니

장 피아제(1896~1980)

다. 이를 전문 용어로 인지적 구성주의라고 하며, 대표적 학자로는 우리가 잘 아는 장 피아제Jean Piaget가 있습니다.

레프 비고츠키(1896~1934)

두 번째는 사회적 상호작용을 통해 지식이 만들어진다고 보는 관점입니다. 이 관점에서는 교사와 학생, 학생과 학생이 토론, 협력, 문답 등을 하는 과정에서 지식이 만들어진다고 봅니다. 토론이나 대화를 통해 무엇을 깨닫거나 어떤 주제에 대한 이해가 깊어지는 현상이 바로 상호작용을 통한 지식의 구성이라고 볼 수 있습니다. 이것을 교육학 용어로는 사회적 구성주의라고 합니다. 대표적 학자로는 레프 비고츠키Lev Vygotsky가 있습니다.

인지적 구성주의와 사회적 구성주의 모두, 지식은 교사가 학생에게 떠먹여 주어 '전달'되는 것이 아니라 학습자가 스스로 의미를 '만들어' 가는 것이라는 점을 강조합니다.

② 상호작용

교육에서 상호작용이란 사람과 사람, 혹은 사람과 생각 간의 주고받음을 의미합니다. 관찰하는 것, 대화하는 것, 협력하는 것, 물어보고 대답하는 것, 심지어 눈을 마주치는 것까지도 모두 상호작용에 포함됩니다.

교사가 학생에게 지식을 전달하는 모형에서는 상호작용이 중요하지 않았습니다. 교사가 일방적으로 전달만 하면 되는 것이었으니까요. 하지만 교사와 학생이 함께 지식을 만들어 간다고 보는 현내 교육학에서는 상호작용을 학습에 없어서는 안 될 필수적인 요소로 여깁니다. 비고츠키에 의하면 우리는 상호작용을 통해서만 깊이 있는 학습을 할 수 있다고 합니다. 대화, 질문, 협력을 할 때 지식을 자신의 것으로 의미 있게 만들 수 있기 때문입니다.

원격수업에서는 세 가지 상호작용이 있습니다. 학생과 교수자, 학생과 학생, 그리고 학생과 콘텐츠입니다. 상호작용에 대해서는 '3강 신나는 실시간 수업 만들기'에서 더 자세히 설명합니다.

③ 교수자와 학생 간의 라포

라포는 교수자와 학생 간의 신뢰 관계를 의미합니다. 교수자와 학생이 서로 신뢰하는 관계일 때 교육이 가장 효과적으로 이루어질 수 있습니다. 학생이 교사를 신뢰하지 않으면 교사가 하는 말을 수용하지 않고, 결과적으로 학습 효율이 떨어지게 됩니다. 또한 라포가 형성되지 않은 수업에서 학생이 더 많은 문제행동을 일으킨다는 연구도 있습니다. 라포가 잘 형성되어 있으면 학생들은 안전하다고 느끼고 교수자 역시 학생들에게 더 많은 관심을 보이게 됩니다. 그래서 라포 형성이 중요합니다. 라포를 형성하는 방법으로는 다음과 같은 것들이 있습니다.

▶ 학생들의 이름 불러 주기

▶ 학생들의 흥미, 꿈, 취미 등에 관심 갖기

▶ 학생들이 공감할 수 있는 예시 사용하기

▶ 교실에 학생들보다 먼저 도착하고 학생들보다 나중에 나가기

▶ 학생들과 이야기 나누기

▶ 학생들에게 교과목에 대해 설명하고 기대치를 알려 주기

▶ 학생들에게 상담 시간을 알려 주고 상담 약속 지키기

▶ 이메일이나 문자 등을 이용해 학생들과 소통하기

▶ 강의를 줄이고 상호작용을 늘리기

▶ 학생들을 칭찬하기

▶ 학생들에게 겸손하게 대하기

▶ 학생들과 눈을 마주치고 미소 지어 주기

4 협력적 학습

협력적 학습의 반대는 경쟁적 학습입니다. 학습자 간의 경쟁은 서로를 경계하고, 정보를 공유하지 않고, 남을 이겨야만 내가 올라설 수 있는 경직된 환경을 만듭니다. 이러한 학습 환경은 많은 자원을 낭비하는 결과를 가져오고 학생들을 승자와 패자로 가르게 됩니다.

존 듀이(1859~1952)

반면 협력적 학습은 각자의 강점을 최대화하면서 서로의 약점을 보완할 수 있고, 정보를 공유하여 더 빠른 발전이 일어

나게 하며, 더 효과적이고 깊이 있는 학습을 가능하게 합니다. 어려운 수학 문제를 놓고 혼자 고민할 때보다 둘이 같이 이야기하며 풀 때 더 빨리 풀 수 있고 더 오래 기억에 남지요. 기업에서도 여러 사람이 협력할 때 각자의 전문성이 더해져 더 좋은 제품을 만들어 낼 수 있습니다. 이처럼 협력적 학습은 학습면에서도 효과적인 방법이자, 실생활에서도 중요한 기술입니다. 협력적 학습은 존 듀이John Dewey의 철학에서 비롯되었습니다.

⑤ 능동 학습

능동 학습의 반대는 수동 학습입니다. 수동 학습은 강의를 듣기만 하는 학습 방법입니다. 수동 학습의 특징은 학생이 교수학습 과정에 참여하지 않는다는 것입니다. 예를 들면, 수동 학습에서는 선생님이 수업용 파워포인트를 만드는 일에 학생들이 관여하지 않습니다.

이와 달리, 능동 학습은 학생들이 교수학습 과정에 적극적으로 참여합니다. 파워포인트도 함께 만들고 문제를 내는 데에도 동참하지요. 핸즈온 학습hands-on learning, 게임, 친구에게 가르쳐 주기, 소그룹 토론 등이 모두 능동적 학습을 하는 방법입니다.

> **TIP**
> **핸즈온 학습** | 손으로 직접 무언가를 하는 활동을 통해 배우는 학습 방법으로, 경험주의 학습에 해당합니다. '러닝 바이 두잉learning by doing'(행동을 통한 학습)은 핸즈온 학습의 또 다른 이름입니다. 직접적·적극적·개인적 참여를 통한 실제적인 경험을 추구하며, 강의나 책을 통해 머리로만 이해하는 방식의 학습과 구분됩니다. 만들기, 구체물 사용하기, 게임하기, 조작하기 등 손이나 몸을 이용한 활동이 대표적인 예입니다.

능동 학습은 비판적 사고력을 향상시키고, 학습자료에 대한 깊이 있는 이해를 가능하게 하며, 토론을 장려하고, 학습한 내용을 오래 기억할 수 있게 합니다. 수동 학습이 필요할 때도 있지만, 수동 학습은 능동 학습과 짝으로 이루어지는 것이 좋습니다. 예를 들면, 책을 읽은 후 토론하기, 강의를 들은 후 친구에게 가르쳐 주기처럼 말이지요.

6 사회적 학습

사회적 학습은 상호작용을 통해 이루어지기도 하지만, 상호작용 그 자체를 의미하지는 않습니다. 사회적 학습이란 관찰을 통한 학습을 의미합니다. 이는 미국의 심리학자인 앨버트 밴듀라Albert Bandura가 주장한 이론으로, 사회의 여러 분야에서 널리 받아들여지고 활용되는 이론입니다.

앨버트 밴듀라(1925~)

인간은 관찰을 통해 학습합니다. 심지어 폭력이나 공포도 다른 사람의 행동과 반응을 보고 학습하게 됩니다. 밴듀라는 보보인형 실험을 통해 성인이 보보인형을 때리는 장면을 관찰한 아동은 그 행동을 학습한다는 것을 알게 되었습니다. 이것이 사회적 학습 이론입니다.

사회적 학습에서 흥미로운 점은 학습자가 자신과 공통점이 많은 사람을 관찰할 때 더 많은 학습이 일어난다는 점입니다. 사람은 비슷한 나이, 동일한 성별, 같은 인종 등 나와 비슷한 사람을 더 잘 모방합니다. 그래서 또래 간의 관찰 학습이 많이 일어나게 되는 것입니다.

교육학의 기본적 원리를 나의 수업에 적용할 방법을 고민해 봅시다.

교육학의 기본적 원리	대면수업에서	원격수업에서
지식에 대한 구성주의적 이해		
상호작용		
교수자-학생 간 라포		
협력적 학습		
능동 학습		

08 보더라인 이론

존 실리 브라운John Seely Brown과 폴 두구드Paul Duguid는 1994년 「보더라인 문제: 디자인의 사회적·물질적 측면Borderline Issues: Social and Material Aspects of Design」이라는 논문을 발표했습니다. 이 논문에는 '보더라인borderline'이라는 개념이 나옵니다. 보더라인이란 쉽게 말해 다음과 같은 것입니다.

어떤 물건에는 핵심적인 내용이 있습니다. 책으로 따지자면 책의 내용이 되겠지요. 책에서 가장 중요한 것은 내용이지만, 내용 자체만으로는 사람들이 그것을 책이라고 인식하지 않습니다. 예컨대 책에 있는 것과 동일한 내용이 바위에 새겨져 있다고 해서 그것을 책이라고 여기지는 않습니다. 마찬가지로, 책으로 묶이지 않은 낱장의 원고 역시 책이라고 부르지 않을 것입니다. 그 이유는 바위나 원고라는 형태가 사회적·역사적으로 공유된 경험에서 만들어진 책의 형태와 부합하지 않기 때문입니다.

책의 내용을 '핵심center'이라고 보고 책과 관련하여 공유된 경험을 '주변periphery'이라고 본다면, 이 두 가지를 이어 주는 것이 바로 '경계border'입니다. 경계, 즉 보더는 대체로 디자인이나 패키징packaging 등의 형태로 이루어집니다.

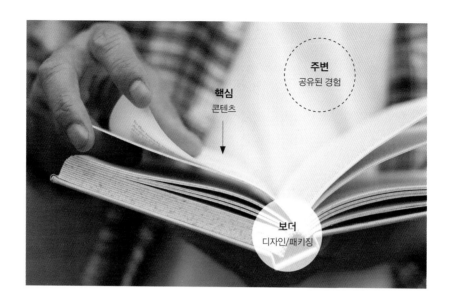

책이 출판되기 전 원고의 형태로 있을 때의 보더와 책이 출판된 후 팔기 위한 형태로 있을 때의 보더는 다릅니다. 내용은 같은데 말이지요. 원고 형태에서 내용은 그저 흰 종이에 프린트된 상태입니다. 그 원고는 여기저기 메모가 되어 있고, 낱장으로 흩어지지 않게 집게로 집어서 허술하게 묶여 있곤 합니다. 이것이 출판사가 원고를 대하는 공유된 경험입니다.

이러한 원고 형태로는 출판을 할 수 없습니다. 출판하여 사람들이 사게 하기 위해서는 그에 맞는 패키징이 필요합니다. 우리가 아는 '책'의 형태로 나와야 하는 것이지요. 우선 표지가 있어야 하고, 한쪽 면이 제본되어 있어야 합니다. 또 그렇게 출판된 책은 서점에서 장르에 맞는 적절한 위치에 비치되어 있어야 합니다. 원고일 때와 책의 형태로 출판되었을 때 그 내용(핵심)에는 변화가 없지만, 이것이 책이라고 인식되려면 사회가 책에 대해 갖고 있는 공유된 경험(주변)에 따라 책이라고 여겨지는 패키징(보더)을 갖추어야 합니다.

다시 말해 핵심과 주변이 만나는 경계를 보더라고 하는데, 책의 경우라면 물리적 패키징이 보더가 됩니다. 물리적 패키징에 따라 사람들은 그것이 출판 전 원고인지, 판매되기 위한 책인지를 구분하고, 그에 맞게 행동합니다.

디지털 세계에서는 핵심은 보존되지만 보더가 잘려 나가는 경우가 많습니다. 종이로 된 책을 디지털 파일로 옮겼을 때 많은 보더가 사라지는 것이지요. 이렇게 보더가 없어지면 책의 냄새나 두께, 서점에서 책을 사는 경험, 책장을 넘기는 촉감이나 기분 등 책에 관한 공유된 경험도 함께 사라지게 됩니다. 그래서 보더가 없거나 변하면 사람들은 그 콘텐츠를 어떤 맥락에서 이해해야 할지 혼란스러워합니다.

이런 이유로 요즘 나오는 e북 리더기에서는 보더를 구현하여 물리적인 책을 읽는 경험을 주려고 합니다. 종이와 비슷한 연한 아이보리색 배경에 부드러운 폰트를 쓰고, 책장이 넘어가는 모양과 소리를 제공하며, 문장 아래에 실제 책에 하듯 밑줄을 긋거나 메모할 수 있게 하고, 책을 다 읽지 못했을 때는 책갈피를 꽂아 둘 수도 있게 하지요. 이러한 보더 디자인은 사용자들이 디지털 책을 더 쉽게 읽을 수 있도록 도와줍니다.

디지털 학습 환경에서도 이와 같은 보더가 필요합니다. 수업에서 가장 중요한 것은 콘텐츠라고 생각할 수 있지만, 사실 수업은 콘텐츠와 그것이 전달되는 주변적 요소들이 결합된 총체적인 경험이라고 보아야 합니다. 수업이라는 총체적 경험에서 콘텐츠만 남기고 주변 경험들을 떼어 버린다면 그것은 더 이상 수업이라고 보기 어려워집니다. 표지, 제본, 장르 등을 모두 떼어 버린 책은 더 이상 책이 아니라 그저 글씨가 쓰인 낱장의 종이들이 되는 것과 마찬가지입니다.

학교를 학교로 인식하고, 수업을 수업으로 인식하게 하는 사회적으로 공유된 경험과 보더들이 있습니다. 예를 들어 대면수업에는 교실, 선생님, 친구들, 시간표, 책상과 의자, 교과서 등이 있지요. 수업의 학습 효과를 보장하기 위해서는 원격수업에서도 이러한 보더들을 유지하는 것이 중요합니다. 수업의 보더들 중 가장 중요한 것은 선생님과 친구들입니다. 그래서 오래전부터 온라인수업 전문가들은 교수자의 존재감과 학습자의 커뮤니티 형성이 온라인수업에서 가장 중요하다고 못 박아 왔습니다.

잠깐!
전환기 학습자에게는 보더가 특히 중요합니다.

보더를 더 신경 써야 할 학생들이 있습니다. 새로운 학교급을 시작하는 전환기 학생인 1학년 학생들입니다. 유치원생이 초등학교 1학년에, 초등학생이 중학교 1학년에, 중학생이 고등학교 1학년에, 고등학생이 대학교 1학년에 입학할 때, 이 학생들은 자신이 기존에 갖고 있던 학교와 수업에 대한 경험의 틀을 토대로 새로운 학교급에서 교육을 시작을 하게 됩니다. 대면수업에서는 학교에 가서 직접 부딪히면서, 혹은 눈치를 보고 관찰하면서, 아니면 선생님의 지시와 행동을 받아들이면서 자신이 갖고 있는 틀을 수정하고 새로운 학교에 맞는 새로운 틀을 형성합니다.

그런데 그럴 수 없는 원격수업 환경에서 이들 전환기 학습자에게 콘텐츠(인강)만 주어지면 어떻게 될까요? 자신이 기존에 갖고 있던 경험의 틀을 바꾸지 못해 혼란을 겪게 됩니다. 이는 결과적으로 학습결손을 비롯하여 다양한 심리적, 학습적, 사회성적 어려움을 초래할 수 있습니다. 따라서 전환기 학생들에게는 꼭 적절한 보더를 제공해 주어야 합니다. 나아가 새로운 학교 생활에 대해 오리엔테이션을 해 주는 등 새로운 프레임에 대한 직접적인 교수도 필요합니다.

내 수업의 핵심, 주변, 보더를 분석해 봅시다.

	대면수업에서	원격수업에서
핵심 (콘텐츠)		
주변 (공유된 경험)		
보더 (디자인/패키징)		

09 실시간이냐 비실시간이냐

실시간 수업은 줌이나 구글 미트 등의 실시간 화상회의 플랫폼을 이용하는 온라인수업을 의미합니다. 플랫폼을 통해 모든 참여자가 동시에 접속하여 원격으로 화상회의를 하는 것처럼 서로 얼굴을 보며 이야기하는 방식이지요.

한편, 비실시간 수업은 과제 제시형과 콘텐츠 제시형의 수업입니다. 앞서 말했듯, 과제 제시형은 학습자에게 과제를 내 주는 수업이고, 콘텐츠 제시형은 동영상으로 수업을 전달하는 방식입니다. 콘텐츠 제시형 수업이 반드시 인강 방식일 필요는 없지만 대부분 인강 방식으로 이루어지고 있습니다.

실시간 원격수업

비실시간 원격수업

'인강이냐 줌이냐' 혹은 '비실시간이냐 실시간이냐'를 두고 많은 교수자들, 특히 대학에서 가르치는 분들이 학기 초에 많이 고민합니다. 결론부터 말하자면 둘 중 하나를 택해서 학기 내내 그 방식을 고수할 필요는 없습니다. 필요에 따라, 내용에 따라, 학생들의 집중도나 참여도에 따라 바꿀 수 있습니다. 수업 모형에 대해서는 이 책의 부록에서 다루고 있으므로, 여기서는 실시간 수업과 비실시간 수업의 장단점을 분석하고 원격수업에서 견지해야 할 원칙에 대해 설명하겠습니다.

우선 원격수업의 본질에 대해 생각해 볼 필요가 있습니다. 원격수업의 본질은 무엇일까요? 우리나라의 방송통신대학교나 영국의 오픈 대학교 Open University를 떠올려 보시기 바랍니다. 건물을 가진, 통학 가능한 대학이 존재하는데도 온라인 대학을 택하는 이유가 무엇일까요? 아마도 시간적 자율성 때문일 것입니다. 직장에 다니고 있어서 시간이 많지 않거나, 육아나 장애 등의 이유로 시간에 맞춰 물리적으로 통학하기 어렵거나, 단기간 내에 학점을 채워 졸업하고 싶거나, 반대로 수업을 천천히 듣고 싶은 경우 온라인 대학을 선택하곤 합니다. 자기가 원하는 시간에 수업을 듣고 진도를 스스로 조절하면서 학점을 이수할 수 있다는 점, 즉 학습자에게 시간적 자율성을 최대한 허락한다는 점이 원격수업의 가장 큰 장점입니다.

> **TIP**
>
> **오픈 대학교** | 40개국 25만 명 이상의 학생을 가진 세계 최대의 원격교육 기관입니다. 비즈니스, 예술, 수학, 컴퓨터, 심리, 과학 등 150여 개 과목이 개설되어 있으며, 규정된 학점을 획득하면 학위를 얻을 수 있습니다.
>
>
> 오픈 대학교
> open.ac.uk

그러나 실시간 수업은 학습자에게 시간적 자율성을 허락하지 않습니다. 특정한 시간에 출석해서 수업에 참여해야 하기 때문입니다. 그렇기 때문에 원격수업을 실시간형으로만 하는 것은 학습자와 교사 모두에게 피곤한 일이며 바람직한 형태도 아닙니다. 코로나와 같은 사회적 상황 때문에 학생의 의지와 상관없이 원격수업을 하고 있다 하더라도, 원격수업의 본질인 학습자의 시간적 자율성은 존중되어야 합니다.

이러한 원격수업의 본질을 염두에 두고, 이제 실시간 수업과 비실시간 수업의 장단점에 대해 알아봅시다.

🔘 실시간 수업

실시간 수업의 가장 큰 장점은 상호작용을 할 수 있다는 점입니다. 실시간 수업에서는 상호작용이 가능하기 때문에 다양한 종류의 수업을 할 수 있습니다. 대면으로 만나서 수업하는 것과 가장 가까운 경험을 제공하지요.

따라서 실시간 수업을 할 때에는 반드시 상호작용적 요소가 충분히 들어가야 합니다. 실시간 수업을 한다면서 특정 시간에 학습자들을 온라인으로 불러 모으고는 교수자 혼자 계속 이야기하는 수업을 해서는 안 됩니다. 상호작용을 하지 않을 거라면 학습자의 시간적 자율성을 희생시키면서까지 실시간 수업으로 할 필요가 없다는 뜻입니다. 일방적 강의는 콘텐츠 제시형으로 주는 것이 학습자 만족도를 높이는 데 훨씬 좋습니다.

🔘 비실시간 수업

비실시간 수업은 학습자가 시간과 진도를 조절할 수 있다는 것이 가장 큰 장점입니다. 이 중 콘텐츠 제시형은 적은 시간에 많은 양의 정보를 줄 수 있고, 잘 만들면 학습자의 호기심을 불러일으킬 수 있다는 강점이 있습니다. 과제 제시형은 학습자 주도의 학습을 할 수 있다는 것이 강점입니다.

하지만 비실시간 수업에는 간과할 수 없는 단점이 있습니다. 바로 학습자-교수자, 학습자-학습자 간의 상호작용이 쉽지 않다는 것입니다. 과제 제시형은 과제를 채점할 때 교수자가 학습자에게 피드백을 줌으로써 비실시간적 상호작용이 가능하지만, 콘텐츠 제시형은 그 자체만으로는 상호작용이 가능하지 않습니다.

실시간 수업과 비실시간 수업의 장단점

	실시간 수업	비실시간 수업	
		콘텐츠 제시형	과제 제시형
장점	• 다이내믹한 상호작용이 가능하다. • 대면수업과 가장 가까운 방식이다.	• 적은 시간 동안 많은 양의 정보를 줄 수 있다. • 잘 만든 콘텐츠는 동기를 부여하고 호기심을 유발하는 데 효과적이다.	• 학습자가 자기주도적으로 학습할 수 있다. • 제한적이지만 상호작용이 가능하다.
		• 학습자에게 시간적 자율성이 있다.	
단점	• 학습자에게 시간적 자율성을 주지 않는다. • 학습자의 심리적 부담이 크다.	• 그 자체로는 상호작용이 불가능하다. • 교수자의 콘텐츠 제작 부담이 크다.	• 교수자의 채점 부담이 크다.

이처럼 실시간 수업과 비실시간 수업은 각각 장단점이 있습니다. 이러한 장단점과 원격수업의 본질에 대한 이해를 바탕으로 원격수업의 기본적인 대원칙 두 가지를 세워 보면 다음과 같습니다.

▶ 원격수업은 그 취지대로 학습자의 시간적 자율성을 최대한 보장해 주는 것이 좋습니다.

▶ 학습에서 상호작용은 여전히 중요합니다. 따라서 상호작용을 최대화할 수 있는 방법을 찾아서 활용해야 합니다.

원격수업과 인강, 어떻게 다를까

원격수업은 인강이 아닙니다. 인강은 원격수업을 하는 여러 방법 중 하나일 뿐입니다. 콘텐츠 제시형, 과제 제시형, 실시간형은 원격수업의 종류이지 모형이라고 볼 수 없습니다.

원격수업의 모형은 여러 종류의 수업 방법들을 어떻게 배분하고 어떤 순서로 제시하느냐에 따라 다르게 만들어집니다. 현재 인강식 수업의 모형은 다음과 같습니다.

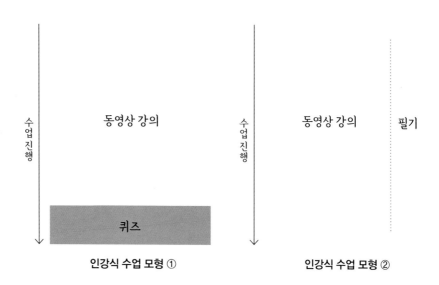

인강식 수업 모형 ① 　　　　　　　　인강식 수업 모형 ②

인강식 수업 모형에서는 수업 시간의 대부분을 동영상 강의가 차지하고, 활동 요소를 위해 간단한 퀴즈나 필기가 추가되곤 합니다. 콘텐츠 제시형 수업은 대개 이러한 인강식 수업 모형으로 진행됩니다.

그러나 콘텐츠 제시형 수업이라 하더라도 동영상 강의만으로 수업을 구성해야 하는 것은 아닙니다. 동영상 강의를 활용하여 상호작용적 수업을 구성할 수도 있습니다. 다음 모형을 살펴볼까요?

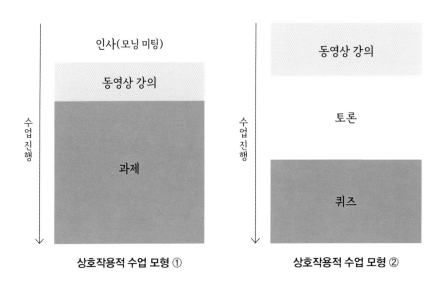

두 모형을 보면 동영상 강의가 짧게 들어가 있고, 수업의 주요 활동은 과제나 토론으로 구성되어 있습니다. 이때 모형 ②에 있는 토론은 화상 회의 플랫폼을 활용한 실시간 토론이 아닌, 글로 쓰는 게시판 토론입니다. 게시판 토론도 과제의 일종이라고 생각할 수 있지만, 여기에서는 게시판 토론을 수업 시간에 해당하는 자기주도적 학습 활동으로 보았기 때문에 두 모형을 구분하였습니다. 그러나 모형 ①과 ② 모두 짧은 인강을 활용하여 자기주도적 학습을 유도한다는 점에서 상호작용적 원격수업 모형이라 할 수 있지요.

두 모형은 인사(모닝 미팅)를 제외하면 영상 강의와 비실시간 활동으로 구성된 비실시간 수업 모형이기도 합니다. 이는 원격수업이라고 해서 모두 인강으로만 이루어질 필요가 없다는 것을 잘 보여 줍니다.

수업에는 강의나 콘텐츠 외에도 여러 가지 요소가 있습니다. 목표, 순서, 사전지식, 자료, 참여, 활동, 동기, 테크닉, 평가, 적용 등이 모두 수업의 요소입니다.

수업의 요소

이러한 수업의 요소는 원격수업에도 들어 있어야 합니다. 그러기 위해서는 상호작용적 수업이 되어야 합니다. 인강으로만 이루어진 수업에는 목표와 자료만이 있을 뿐입니다.

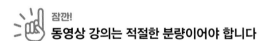 잠깐!
동영상 강의는 적절한 분량이어야 합니다

상호작용적 수업 모형에서 활용하는 동영상은 강의일 수도 있고 아닐 수도 있습니다. 수업 내용과 관련된 이야기를 담은 영상이어도 좋고, 수업 주제에 대한 문제를 환기하는 영상이어도 됩니다. 다만 동영상의 분량이 길어서는 안 됩니다. 강의 영상이라면 더욱 그러합니다. 긴 강의 형태의 동영상은 일방적인 수업이 되므로, 입시 준비나 특정 기술을 배우기 위해 참고하는 용도로는 적합할 수 있으나 의미 있는 학습이 일어나게 하기에는 한계가 있습니다.

11 잘 가르치는 교사의 특징

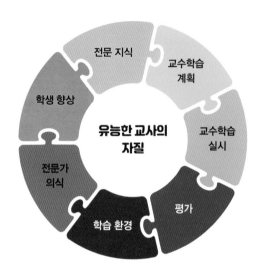

대면수업을 잘하시는 분들이 원격수업도 잘하는 경향이 있습니다. 유능한 교사는 플랫폼에 관계없이 활용할 수 있는 모든 자원을 활용해 학생의 수준과 필요에 맞게 가르치기 때문입니다. 유능한 교사의 생각은 '어떻게 하면 더 잘 가르칠 수 있을까?' 혹은 '어떻게 하면 학생들이 더 재미있게 공부하게 할 수 있을까?'에 사로잡혀 있습니다. 그럼, 유능한 교사는 어떤 특징이 있을까요? 미국의 교육학자인 제임스 스트론지James Stronge는 그의 저서『유능한 교사의 자질Qualities of Effective Teachers』(3판)에서 잘 가르치는 교사의 특징을 정리한 체크리스트를 제시하였습니다.

유능한 교사의 자질 체크리스트

1. 전문 지식

    a. 교육과정의 기준을 제시한다.

    b. 중요 개념을 짚고 학생들의 고차원적 사고를 유도한다.

    c. 배운 내용과 아직 안 배운 내용을 연관시켜 교수한다.

    d. 내용에 대해 정확한 지식을 갖고 있다.

    e. 높은 기대를 갖고 목표를 성취하려 한다.

    f. 발전적 지식이 무엇인지 안다.

    g. 명료하게 의사소통한다.

2. 교수학습 계획

    a. 학생들의 데이터를 참고하여 수업을 계획한다.

    b. 시간을 효율적이고 현실적으로 배분한다.

    c. 개별화된 교수를 계획한다.

    d. 학습 목표, 교육과정 목표, 학생의 필요를 모두 만족시킨다.

    e. 장단기 계획을 갖고 유연하게 운영한다.

3. 교수학습 실시

    a. 학생의 능동적 참여를 도모한다.

    b. 사전지식을 활용한다.

    c. 개별화된 교수를 제공한다.

    d. 학습 목표를 강조한다.

    e. 다양한 전략과 자원을 활용한다.

    f. 교육 공학을 활용한다.

    g. 명료하게 의사소통한다.

4. 평가

    a. 사전 평가 데이터를 활용한다.

    b. 학습 목표를 세우는 데 학생들을 참여시킨다.

    c. 적절하고 타당한 평가를 한다.

    d. 평가와 학습 목표가 일치한다.

    e. 다양한 평가 방법을 사용한다.

    f. 학습을 목표로 하는 평가와 성적을 내기 위한 평가를 모두 활용한다.

    g. 도움이 되는 피드백을 제공한다.

5. 학습 환경

    a. 안전하고도 효율적인 학습 환경을 조성한다.

b. 학생 행동에 대한 기대를 명료하게 제시한다.

c. 교수학습을 최대화하고 문제행동을 최소화한다.

d. 문화적 다양성을 존중한다.

e. 학생들의 필요와 반응에 관심 있게 응한다.

f. 학생들과 개별적으로도 만나고 그룹으로도 만남으로서 시간을 잘 활용한다.

6. 전문가 의식

a. 효율적으로 의사소통한다.

b. 법과 윤리적 기준을 중요하게 여긴다.

c. 교사전문성 신장 기회를 통해 배운 것을 수업에 적용한다.

d. 향상의 정도에 대한 목표를 정한다.

e. 수업 외적으로도 다양한 활동에 참여한다.

f. 학부모와 긍정적 관계를 유지한다.

g. 교사학습 공동체에 기여한다.

h. 말하기와 글쓰기에 능하다.

7. 학생 향상

a. 학생의 성취에 대한 목표를 뚜렷하게 제시한다.

b. 학생의 향상을 기록한다.

c. 학생이 목표를 성취했다는 객관적 증거를 중요시한다.

d. 목표와 목표 사이에 중간 목표를 설정한다.

여기에 제시된 특징은 원격수업에서도 똑같이 적용됩니다. 원격수업에서도 잘 가르치는 교수자는 학생들의 고차원적 사고를 유도하고, 학생들의 현 수준을 참고하여 수업을 계획하며, 수업 시간을 효율적으로 배분하고, 유연하게 수업을 운영합니다. 또한 유능한 교수자는 원격수업에서도 학생의 능동적 참여를 도모하고, 다양한 전략과 자원을 활용하며, 다양한 평가 방법을 활용하고, 학생의 문화적 다양성을 존중합니다. 이 체크리스트에서 원격수업에 적용할 수 없는 항목은 단 한 개도 없습니다. 여러분도 체크리스트를 이용하여 자신의 수업을 한번 점검해 보시기 바랍니다.

12 원격수업이 교실수업보다 더 재미있을 수 있다

원격수업이 교실수업보다 더 재미있을 수 있을까요? 네, 그럴 수 있습니다. 교수자가 수업을 잘 디자인하기만 하면 가능합니다. 여기서 디자인은 시각적인 디자인이 아닌 수업 기획을 의미합니다. 전문 용어로는 '수업 설계' 혹은 '교수 설계'라고 하지요. 설계 혹은 기획은 교육만이 아니라 어떤 분야에서든 그 대상이 내용에 집중하고 지속적으로 흥미를 느끼게 하는 데 매우 중요합니다.

예를 들어 게임 기획자는 게임을 재미있게 만들기 위해 굉장히 치밀하게 기획합니다. 처음 플레이하는 사용자를 위해 튜토리얼tutorial부터 제시하고, 레벨 디자인을 하고, 보상 시스템을 만들고, 스토리를 구성합니다. 영화도 마찬가지입니다. 영화감독은 흥미로운 도입과 전개, 예상치 못한 결말 등의 플롯, 특색 있는 캐릭터, 조화로운 배경 음악, 등장인물들의 대사, 심지어 화면에서 스쳐 지나가는 사물까지 정밀하게 기획하여 관객의 마음에 재미나 감동, 서스펜스를 주지요.

수업 설계도 마찬가지입니다. 어떻게 기획해야 학습자가 더 능동적으로 참여하고, 학습 내용을 오래 기억하고, 의미 있는 학습을 하도록 만들 수 있을까요? 교수자는 자신이 가르치는 모든 수업에 대해 PD처럼, 영화감독처럼, 게임 기획자처럼 고민하고 사전에 치밀하게 기획해야 합니다.

시작을 어떻게 해야 할까? 상호작용적 요소들을 어디에 넣는 것이 효과적일까? 학생들이 지루해할 만한 부분은 어디일까? 학생들이 서로 협력학습을 할 수 있는 기회를 언제 주는 것이 좋을까? 학생들이 더 잘 기억하려면 정보를 어떻게 제시하는 것이 좋을까? 하는 질문을 스스로 던져보세요. 잘 가르치는 교사는 자신의 모든 수업에 대해 이러한 것들을 사전에 계획합니다.

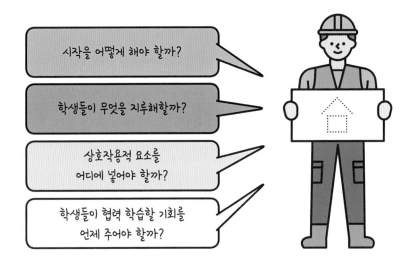

하지만 여기서 조심할 점이 있습니다. 사전에 치밀하게 계획을 짜야 한다고 해서 수업이 교사의 주도로 이루어져야 한다는 의미는 아닙니다. 예를 들어 우리나라 학교교육에는 수업 지도안이라는 것이 있습니다. 수업 지도안은 수업 시나리오 같은 것으로, 선생님이 해야 할 대사와 질문, 예상되는 학생의 대답과 행동이 마치 드라마 대본처럼 상세히 짜여 있습니다. 이러한 수업을 고도로 '구조화된structured' 수업이라고 합니다. 교수자가 건축을 하듯 길을 내고 벽을 쌓아 학생들이 계획된 길로만 가도록 끌고 가는 수업이지요.

학생들이 해야 하는 대답까지 계획되어 있다는 것은 곧, 정답이 정해져 있고 교사가 그 답을 유도해야 한다는 뜻입니다. 이렇게 고도로 구조화된 수업에서는 교사가 주도적인 역할을 하고 학생은 수동적인 학습을 할 수밖에 없습니다. 이것은 우리가 원하는 수업이 아닙니다. 우리가 원하는 수업은 교수자 주도적인 수업이 아니라, 학습자 주도적인 수업입니다. 학습자가 적극적으로 참여하고 창의적으로 생산하며 비판적으로 사고하는 수업입니다. 그러한 수업을 하려면 학생들의 대답이 미리 정해져 있어서는 안 됩니다. 미처 생각해 보지 못한 대답이나 아이디어, 질문들을 끌어내는 것이 중요하기 때문입니다.

그런데 여기서, 학습자 주도적인 수업을 하려면 수업을 계획해서는 안 되는 것이냐는 의문이 들 수 있습니다. 그러나 학습자 주도적 수업도 실은 고도로 구조화되어야 합니다. 다만 그 구조가 교수자의 지식 전달과 학생의 정답에만 초점이 맞춰져서는 안 됩니다. 이미 존재하는 답을 유도하기 위해서가 아니라, 학생들의 자발적인 참여를 끌어내기 위해 어떻게 환경을 조성할 것인가에 초점을 맞추어야 하는 것입니다.

넛지nudge 이론을 아시는지요? 직접적으로 "~을 해라."라고 지시하지 않고도, 환경적 요소를 이용해 스스로 선택하고 자발적으로 행동하게 만들 수 있다는 이론인데요. 교육에서도 넛지 전략을 활용해 자발적이고 깊은 학습을 안내하는 환경을 조성할 수 있습니다. 이를 위해서는 물밑에서 치밀하게 계획해야 합니다. 우리가 원하는 좋은 수업도 그렇습니다. 학습자 주도적 수업이 되기 위해서는 반드시 사전에 치밀한 계획이 선행되어야 합니다.

수업은 체험형 쇼와 비슷합니다. 쇼를 기획하는 PD는 청중이 내용을 제대로 이해할지, 어떤 부분을 재밌어하고 지루해할지, 어떻게 하면 청중의 기억에 더 잘 남을지를 끊임없이 고민합니다. 항상 청중의 관점에서 생각하는 것이죠.

가르치는 사람도 유사한 고민을 해야 합니다. 이때 '무엇'을 가르칠까도 중요하지만 '어떻게' 가르칠까가 더 중요하다는 것을 기억해야 합니다. 학습자가 더 잘 이해하고 깊이 있게 학습하며 배운 지식을 문제 해결에 적용하기 위해서는 어떻게 가르쳐야 할지 고민해야 한다는 뜻입니다. 지금 시대에는 누구나 쉽고 빠르게 정보에 접근할 수 있습니다. 또한 지식과 기술이 상상 이상의 속도로 발전함에 따라 사람들이 상식이나 진리라고 믿고 있었던 지식이 통용되는 시간도 짧아졌습니다. 그러면서 교육에서도 '무엇'을 가르칠까는 점차 의미가 없어지고 있습니다. 그렇기에 교수자는 '무엇을'보다 '어떻게'에 더 관심을 가질 필요가 있습니다. 동일한 내용의 지식이라도 어떻게 배우느냐에 따라 그 지식의 깊이와 활용 범위가 달라지기 때문입니다.

원격수업이 대면수업을 대체할 수는 없습니다. 원격수업은 학습자의

더 알아보기 ◀ **넛지 이론**

넛지는 원래 팔꿈치로 꾹 찌른다는 의미를 갖고 있습니다. 넛지 이론은 말없이 팔꿈치로 찔러서 옆 사람을 움직이게 하듯이, 환경이나 디자인을 이용해 특정 행동을 유도한다는 이론입니다. 다시 말해 직접적인 지시나 교육, 법적 강제 등을 이용하지 않으면서 환경이나 디자인 등의 간접적인 방법을 통해 인간의 행동을 바꾸는 전략입니다. 남성 소변기에 그려진 파리 그림, 피아노 건반 모양으로 디자인된 계단 등은 넛지 이론을 활용한 대표적 예입니다.

학습 동기, 나이, 상황 등에 따라 더 효과적일 수도 있고 덜 효과적일 수도 있습니다. 하지만 원격수업을 해야만 한다면 가장 효과적인 학습이 일어날 수 있도록 수업을 디자인해야 합니다. 어떻게 디자인하면 좋을까요? 우리 함께 게임 기획자가 되어, 혹은 재미있는 쇼의 PD가 되어 수업을 설계해 보면 어떨까요?

13 잘 디자인된 원격수업의 특징

이제 잘 디자인된 원격수업의 특징에 대해 알아보려 합니다. 이 특징들은 1990년대부터 수많은 학자들이 제안한 것을 2016년에 주디스 보에처Judith Boettcher와 리타 마리 콘래드Rita-Marie Conrad라는 온라인수업 전문가들이 『온라인 수업 생존 가이드: 간단하고 실용적인 교수적 조언The Online Teaching Survival Guide: Simple and Practical Pedagogical Tips』(3판)에서 정리한 것입니다. 2016년은 줌이나 구글 미트와 같은 툴을 이용한 실시간 원격수업이 붐을 이루기 훨씬 전인데요. 훌륭한 원격수업을 하는 방법은 툴과 관계없이 어느 시대에나 통용된다는 것을 알 수 있습니다.

1 교수자가 자신의 존재를 드러냅니다

원격수업이라 하더라도 교수자는 반드시 자기 존재를 드러내야 합니다. 이는 원격수업에서 가장 중요한 지침입니다. 학생들은 교수자가 어떤 사람인지, 무슨 생각을 하는지, 학생들에게 무슨 말을 해 주고 싶은지 알고 싶어 합니다.

또한 교수자의 존재감은 학생들과의 라포 형성을 위해서도 필수적입니다. 이는 학습과 상호작용의 근간을 이루는 요소로, 아무리 강조해도 지나치지 않습니다. 원격수업에서는 교수자가 학생들과 직접 만날 수 없기 때문에 교수자의 영상, 말, 글 등을 통해서라도 만나야 합니다.

예시 **교수자의 존재가 드러나는 원격수업**

② 학생들이 커뮤니티를 형성하도록 합니다

수업에서 커뮤니티를 형성한다는 것은 곧, 학급 전체가 서로 알고 상호작용하는 하나의 작은 마을이 된다는 뜻입니다. 커뮤니티가 형성되어야 학생들이 소속감을 느끼고 자신의 학습에 대한 책임감을 가질

수 있습니다. 이를 위해서는 교수자와 학생 간의 소통도 필요하지만, 학생과 학생 간의 소통도 필요합니다. 이러한 소통은 자연스럽게 일어나기 어렵기 때문에 수업을 디자인할 때 교수자가 치밀하게 계획해야 합니다.

❶과 ❷는 잘 디자인된 원격수업의 12가지 특징 중 가장 중요한 것으로 여겨집니다. 이 두 가지가 수업의 핵심적인 보더인 '선생님'과 '친구들'이 있는 수업을 만들기 때문입니다.

③ 학습자에게 기대하는 것을 명시합니다

이 과목을 공부하기 위해 일주일에 몇 시간 정도 투자해야 하는지, 질문이 있으면 어떤 방식으로 연락해야 하는지, 과제 수행이나 수업 참여의 수준은 어느 정도가 되어야 하는지 등에 대해 학기가 시작하기 전에 글로 게시하여 명시해 주는 것이 좋습니다.

온라인 수업 규칙

1 과제 제출 기한을 지킵니다.

2 토론에 적극적으로 참여합니다.

3 이 수업을 위해 일주일에 2시간 이상 공부합니다.

참고로, 내용 관련 질문은 개인적으로 연락하기보다 누구나 볼 수 있는 공개된 공간에서 하는 것이 좋습니다. 그래야 교수자 입장에서는 반복적인 답변을 피할 수 있고, 학생들 입장에서는 다른 사람의 질문과 그 답변을 보고 배울 수 있기 때문입니다.

④ 대그룹, 소그룹, 개인적 학습 경험을 모두 제공합니다

학생들은 대그룹, 소그룹, 개인적 학습에서 배우는 것이 다 다릅니다. 연구에 의하면 학생들은 이 세 가지 경험을 모두 원하고 또 필요로 합니다. 콘텐츠만 제시하는 수

업은 개인적 경험밖에 제공하지 못합니다. 따라서 다양한 활동을 통해 개

인 학습과 그룹 학습을 모두 경험할 수 있게 해야 합니다.

학기 초에는 개인적 학습이나 짝을 지어 하는 학습이 효과적이지만, 학기가 무르익어 갈수록 또는 학습 과제나 프로젝트가 복잡해질수록 2~6명 단위의 그룹이 더 효과적입니다. 한편, 질의응답이나 특강, 브레인스토밍, 발표, 아이스브레이킹icebreaking 활동 등은 대그룹으로 하는 것이 좋습니다.

> **TIP**
>
> **대그룹/전체그룹** | 학급 전체를 의미합니다.
> **소그룹** | 2~5명 내외의 작은 그룹을 의미합니다.
> **개별 활동** | 혼자 하는 활동을 의미합니다.

⑤ 실시간 활동과 비실시간 활동을 모두 진행합니다

실시간 활동과 비실시간 활동이 학생에게 제공하는 경험은 서로 다릅니다. 실시간 활동은 대면했을 때와 비슷한 활발한 상호작용이 가능합니다. 한편, 비실시간 활동은 학생이 스스로 생각하고 노력할 시간을 줍니다. 학습자는 이러한 두 가지 경험을 모두 필요로 하므로 학기에 걸쳐 두 가지 활동을 모두 제공하는 것이 좋습니다.

⑥ 학기 초에 비공식적으로 피드백을 받아 반영합니다

대학에서 강의 평가는 통상적으로 강의가 거의 끝나고 학기가 마무리될 때 이루어집니다. 이는 다음 수업에서야 반영이 되지요. 그래서 현재의 수업을 더 좋게 만드는 데에는 소용없는 평가가 되곤 합니다. 교수자가 자신이 지금 하고 있는 원격수업의 학습자 만족도를 높이기 위해서는, 학기 초에 학생들에게 강의에 대한 피드백이나 평가를 받고 이를 바로 수업에 적용하는 것이 좋습니다. 강의 평가가 어려운 초등학생의 경우 학생들에게 어떤 점이 어려운지, 어떤 점이 만족스러운지를 비공식적으로 물어보고 구두로 피드백을 받도록 합니다.

예시 비공식적 피드백

비공식적 중간 강의 평가

이 수업에 대한 여러분의 만족도, 선호도 등을 알아보기 위한 설문지입니다. 익명으로 처리되니 마음 놓고 솔직하게 답을 써주셔도 됩니다^^

*필수항목

이 강의를 위해 얼마만큼의 노력을 기울이나요? *

	1	2	3	4	5	
노력하지 않음	○	○	○	○	○	매우 많은 노력을 함

학습 기여도

	거의 없음	약간	중간	꽤 있음	매우 높음
강의 전 나의 지식 수준	○	○	○	○	○
강의 후 나의 지식수준	○	○	○	○	○

비공식적
피드백 예시

7 ## 게시판을 이용한 토론 기회를 제공하여
질문, 대답, 토론, 비판적 사고를 장려합니다

인강식 수업의 꽃은 동영상이지만, 상호작용적이고 다이내믹한 원격수업의 꽃은 토론이라 할 수 있습니다. 토론은 학습자에게 자신이 배운 것을 곱씹고 활용하며 실제 문제에 적용해 볼 기회를 줍니다. 또한 토론의 장은 학습자들이 각자 생각을 드러내고 서로 의미 있는 상호작용을 할 수 있는 하나의 공간이 됩니다.

토론은 실시간 화상 토론의 방식으로도, 비실시간 게시판 토론의 방식으로도 할 수 있습니다. 그런데 학습자가 자신의 근거를 꼼꼼히 검토하여 논리적인 주장을 만들어 내기 위해서는 충분한 시간이 필요하다는 점에서, 게시판을 이용한 비실시간 토론 기회는 필수적입니다. 이러한 게시판 토론은 과제라기보다 그 자체로 비실시간 환경에서 이루어지는 학습자 주도적인 수업으로 보아야 합니다.

교수자는 토론 문제를 제시할 때 학생들이 창의적이고 비판적인 사고를 할 수 있도록 열린 질문을 사용하는 것이 좋습니다. 때로는 토론을 장려하기 위해 학생들이 의무적으로 토론에 참여하도록 수업을 디자인할 필요도 있습니다.

[예시] **비실시간 게시판 토론**

권정민 3/20 10:40 PM
메이커교육 토론문제 3. 앤더슨은 데스크탑 혁명이 현대 사회에 어떤 영향을 미쳤다고 주장하나요? 데스크탑 혁명이 학교 교육에 미친 영향은 무엇일까요? (3/23 월 11:59마감)

　▾ Collapse all

　See previous replies

　　김지현 '23 8:51 PM
　　신석규 동기님의 말대로 저소득층에게 데스크톱 지원이 이루어진다면 교육 격차의 감소를 불러일으킬 수 있겠지만 그러한 복지가 제공되지 않는다면 오히려 디지털 기기의 보유 여부에 의해 교육격차가 더 벌어질 수도 있다고 생각합니다. 온라인 강의의 등장으로 우리는 학교 수업 외에도 시공간의 제약 없이 공부를 할 수 있게 되었으며 모르는 것은 선생님 뿐만 아니라 인터넷에게도 질문할 수 있게 되었습니다. 이런 상황에 형편이 어려운 학생들에게 기기가 제공되지 않는다면 빈부의 격차가 정보의 격차를 낳고 정보의 격차는 교육의 격차까지 심화시킬 수 있다고 생각합니다.
　　동기님의 말처럼 저소득층에게도 온라인 학습도구가 지원되어 모두가 양질의 교육을 받기를 희망합니다 :)
　　See more

　　김지현 '23 9:24 PM
　　이영선 데스크탑 혁명으로 학교 실무를 처리하는 데에 드는 시간이 줄어 남은 시간에 수업 연구를 하여 양질의 교육을 제공할 수 있다는 말이 인상깊습니다! 업무의 간편화로 인한 교육의 질 상승에 대해서는 생각하지 못했는데 동기님의 의견 덕분에 생각의 폭을 넓힐 수 있었습니다. 감사합니다. :) ♥ 1

　　박호영 '23 9:42 PM
　　데스크탑 혁명이 현대 사회에 미친 영향들 중 핵심은 개인이 기업가가 될 수 있는 가능성을 열어주었다는 것입니다. 기존에는 거대한 자본이 있어야 생산자가 될 수 있었지만 기술의 혁신이 있었기에 오늘날에는 개인이 보다 적은 자본을 필요로 하며 생산에 필요한 기반요소들을 개인적으로 소유할 수도 있습니다. 또한 인터넷 사회망을 통해 자신과 같은 생각을 가진 사람들을 더 쉽게 모을 수 있고 크라우드 펀딩 등을 통해 필요한 자본을 모을 수도 있습니다. 대중들이 언론의 힘을 얻을 수 있던 것 역시 같은 맥락에서 볼 수 있다고 생각합니다.

8 다양한 디지털 툴과 콘텐츠를 적절히 활용합니다

원격수업은 디지털 툴을 이용해서 학습하는 것이 핵심입니다. 따라서 수업에서 다양한 디지털 툴을 적절히 활용하는 것이 좋습니다. 교수자가 비디오 콘텐츠만 제공하는 수업으로는 충분하지 않습니다. 학생

들에게 직접 읽고 조사하고 찾아볼 수 있는 기회를 주어야 합니다. 인터넷이라는 강력한 툴을 학생들이 스스로 유용하게 사용할 수 있도록 수업을 설계하는 것이 좋습니다.

9 핵심 개념 학습과 개별화된 학습을 조화시킵니다

비고츠키에 의하면 '개념'은 그저 단어로 이루어진 문장이 아닌, 지식들의 연결과 조합입니다. 개념을 문장이라고 여긴다면 수업이 인강과 같은 일방적인 콘텐츠 전달식으로 설계되어도 충분할 것입니다. 그러나 실제로 우리가 어떤 개념을 이해하고 습득한다는 것은 그 개념을 설명한 문장을 그저 받아들이는 것이 아니라, 기존의 지식과 새로운 지식을 연결하고 조합하여 의미를 구성하는 것입니다. 즉, 개념은 학습자가 여러 지식을 스스로 연결시키고 조합하는 과정을 통해서만 만들어집니다. 개별적인 정보, 파편화된 지식만으로는 개념이 형성되지 않습니다.

그렇기에 학습자가 개념을 형성하도록 돕기 위해서는 일방적인 인강식 수업으로는 충분하지 않으며, 핵심 개념을 학습할 수 있도록 다양한 방법을 사용해야 합니다. 그러한 방법으로는 여러 지식들 간의 관계를 시

각적으로 연결시켜 보기, 학습자가 무엇을 알고 무엇을 모르는지 스스로 질문하고 찾게 하기, 다른 사람들과 토론하기 등이 있습니다.

다만, 이와 같은 방법들은 학습자의 개념 형성을 도와주는 것이지 완성시켜 주는 것은 아닙니다. 개념 형성은 근본적으로 학습자가 스스로 해야 합니다. 학습자마다 개념을 형성하는 방법과 속도가 다를 수 있으므로 개별화된 학습을 할 수 있도록 수업을 유연하게 구성하는 것이 좋습니다.

⑩ 학기를 마무리하는 좋은 활동을 구성합니다

학기 말에는 학생들이 배운 내용을 점검할 수 있도록 마무리 활동을 잘 디자인할 필요가 있습니다. 대면수업에서는 흔히 발표를 하곤 합니다. 발표는 학생들이 스스로 무엇을 배웠는지 점검하고 정리하며 적용할 수 있는 기회를 줍니다.

발표는 원격수업에서도 할 수 있습니다. 실시간 또는 비실시간 원격수업에서 발표를 하는 방법에 대한 팁은 '4강 깊이 있는 참여 수업 만들기'에서 다루고 있습니다.

발표 외에도 간단한 종강 파티, 프로젝트 결과물 온라인 전시, 학기를 마치는 소감 나누기, 향후 포부나 계획 이야기하기 등 대면수업에서 하는 활동들을 온라인으로 가져와 하면서 학습의 마무리를 지어 주는 것이 좋습니다.

학생들의 학습 상황을 지속적으로 확인합니다

대면수업에서는 평가를 한두 번에 몰아서 하는 경우가 많습니다. 중간고사-기말고사 같은 식이지요. 교수자가 학생들을 매주 대면으로 만나는 상황에서는 학생들의 수업 참여도를 바로바로 확인할 수 있지만, 온라인 환경에서는 그것이 어렵습니다. 따라서 학생들이 수업에 참여하고 있는지, 학습을 잘하고 있는지 더 자주 확인할 필요가 있습니다.

이를 위해서는 평가를 학기의 중간과 끝에 몰아서 하기보다 작은 평가들을 자주 하는 것이 더 효과적입니다. 빈번하게 이루어지는 작은 평가들은 학생들에게 학습 동기를 부여하는 데에도 효과가 높습니다. 전문가들은 퀴즈, 작은 과제, 소규모 전시 등 부담이 크지 않은 평가들을 자주 하라고 권합니다. 물론 평가가 잦은 만큼 교수자도 자주 피드백을 주어야 합니다.

예시 **학습 중간 평가**

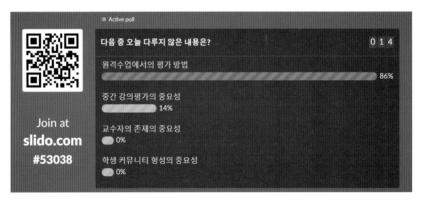

12 초보자에서 전문가가 되는 경험을 디자인합니다

좋은 수업을 설계하기 위해서는 학습자를 '초보자에서 전문가가 되는 과정에 있는 사람'으로 보아야 합니다. 교육이란 신발을 만들 줄 모르던 초보자가 제화 장인이 되는 과정, 처음으로 기자 일을 시작한 수습기자가 전문기자가 되는 과정,  레벨1에서 시작한 게이머가 프로 게이머가 되는 과정, 막 입단한 축구팀의 막내 선수가 주장이 되는 과정으로 보아야 하는 것입니다.

그리고 이런 풋내기를 전문가로 키우는 장인이나 코치가 바로 교수자인 여러분입니다. 혼자 계속 떠들어대는 강의나 다른 사람의 비디오를 보여 주는 것만으로는 여러분의 풋내기 제자를 전문가로 키워 낼 수 없습니다. 여러분은 여러 가지 방법을 섞어서 가르쳐야 합니다. 정보와 사실 위주의 강의는 기본일 뿐입니다. 여러분이 오랜 세월 경험으로 습득한 노하우를 가르쳐 주고, 제자가 스스로 해 볼 수 있게 하고, 시행착오를 학습의 과정으로 여기고, 마지막으로는 배운 것들을 실제 세계에서 시도할 기회를 적극적으로 만들어 주어야 합니다.

스스로를 장인이나 코치라고 생각하고, 한 가지 방법만 고집하는 것이 아니라 가능한 모든 방법과 도구를 동원해 열정과 성의를 다해 가르치세요. 이것이 바로 초보자를 전문가로 만드는 경험 디자인입니다. 일방적인 콘텐츠만으로는 이러한 경험을 줄 수 없습니다. 잘 이해가 안 될 때는 입장을 바꿔 생각해 보시면 됩니다! '나라면 스승에게 어떻게 배우고 싶을까?', '나는 어떻게 배울 때 가장 잘 배울까?'를 생각해 보시기 바랍니다.

지금까지 잘 디자인된 원격수업의 특징에 대해 살펴보았습니다. 여기에 대한 이해 없이 툴이나 테크닉에만 집중해서는 좋은 수업이 만들어지기 어렵습니다. 내가 디자인한 활동이 수업 목표에 어떻게 이바지하는지를 항상 점검하며 수업을 구성해야 합니다. 이를 염두에 두고, 다음 강부터는 효과적인 수업을 만들 수 있는 테크닉에 대해 알아보도록 하겠습니다.

잠깐!
여러분의 모델이 일타강사가 되어서는 안 됩니다

원격수업에 대한 강연을 하다 보면 많은 교수님과 선생님이 인강의 이른바 '일타강사'('1등 스타강사'의 줄임말로 수강신청이 첫 번째로 마감되는 인기 강사) 이야기를 하십니다. 그런데 이러한 일타강사는 100% 시험에 대비하여 강의하는 강사라는 것을 알 것입니다. 우리는 입시 위주의 주입식 수업에 대해 잘못되었다고 비판하면서 은연중에 수업의 모델을 인강으로, 교수자의 모델을 일타강사로 삼고 있을지 모릅니다. 그러나 모든 교수자가 일타강사가 될 수 없을뿐더러 되어서도 안 됩니다. 수험생과 취업준비생 등은 시험 때문에 어쩔 수 없이 그런 방식의 학습을 선택합니다. 하지만 이들을 제외하고는 인강식 수업만 제공하는 것은 바람직하지 않습니다.

그렇다면 우리는 누구를 모델로 삼아야 할까요? 막막하다면, 여러분 인생에서 가장 기억에 남는 선생님 혹은 가장 기억에 남는 수업을 떠올려 보시기 바랍니다. 아마도 그 선생님은 여러분의 이야기를 잘 들어 주고, 약간의 유머 감각도 있으며, 따뜻한 마음을 가진 분이었을 것입니다. 또 가장 기억에 남는 수업은 가만히 앉아서 들었던 수업이 아니라, 친구들과 함께 직접 무언가를 하면서 활발히 참여했던 수업일 것입니다. 거듭 강조하듯, 원격수업에서의 가치는 대면수업에서의 가치와 다르지 않습니다. 따라서 원격수업에서도 대면수업과 마찬가지로 가장 좋았던 선생님, 가장 기억에 남는 수업을 모델로 삼아야 합니다.

나의 수업은 잘 디자인된 수업인지 스스로 점검해 봅시다.

	나의 수업은 잘 디자인된 수업인가?	O / X
1	교수자가 자신의 존재를 드러냅니다.	
2	학생들이 커뮤니티를 형성하도록 합니다.	
3	학습자에게 기대하는 것을 명시합니다.	
4	대그룹, 소그룹, 개인적 학습 경험을 모두 제공합니다.	
5	실시간 활동과 비실시간 활동을 모두 진행합니다.	
6	학기 초에 비공식적으로 피드백을 받아 반영합니다.	
7	게시판을 이용한 토론 기회를 제공하여 질문, 대답, 토론, 비판적 사고를 장려합니다.	
8	다양한 디지털 툴과 콘텐츠를 적절히 활용합니다.	
9	핵심 개념 학습과 개별화된 학습을 조화시킵니다.	
10	학기를 마무리하는 좋은 활동을 구성합니다.	
11	학생들의 학습 상황을 지속적으로 확인합니다.	
12	초보자에서 전문가가 되는 경험을 디자인합니다.	

2강

재미있는
비실시간 수업
만들기

#비실시간 수업   #개인과제 대 그룹과제   #참여적 수업   #하이퍼도큐먼트

비실시간 수업은 교수자와 학습자가 동시에 온라인상에 있을 필요가 없는 원격수업 방법으로, 학습자가 원하는 시간에 접속하여 원하는 만큼, 원하는 속도와 진도로 학습할 수 있습니다. 콘텐츠 제시형 수업, 과제 제시형 수업 그리고 인강도 여기에 포함되지요. 하지만 비실시간 수업이 꼭 인강처럼 일방적이고, 강의 중심적일 필요는 없습니다. 비실시간 수업의 장점인 학습의 자율성을 최대화하되, 일방적인 수업이 되지 않기 위해서는 수업을 어떻게 설계하면 좋을까요?

일방적이지 않은 비실시간 수업을 하려면

녹화 강의를 하더라도 상호작용적인 수업을 할 수 있습니다. 일방적이지 않은 비실시간 수업의 핵심은 정보전달 위주의 수업을 학습자 참여 방식의 수업으로 전환하는 것입니다. 우선 일방적인 강의 형태의 대면수업 모델을 보겠습니다.

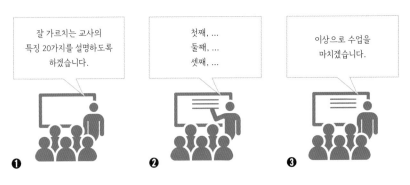

모델 ① 일방적 강의

여기서는 '잘 가르치는 교사의 특징'이라는 수업 주제를 예로 들었지만, 초등학생 수준이라면 '포유류의 특징', 고등학생 수준이라면 '민주사회의 특징' 등 여러분의 상황에 맞게 바꾸어 읽으면서 생각하시기 바랍니다. 이 모델 ①은 학습자에게 결론을 먹여 주는 방식입니다. 학습자에게 말하거나 생각할 기회를 주지 않고, 교수자가 모든 것을 다 아는 전지적 역할을 자처하며 혼자 대부분의 이야기를 합니다. 교수자가 부지런하지 않으면 그 내용도 업데이트되지 않은 낡은 정보일 가능성이 높습니다. 그렇다면 모델 ①과 다른, 참여적 대면수업 모델은 어떨까요?

모델 ② 학습자 참여 수업

그림에서 볼 수 있듯 모델 ②는 학습자에게 말할 기회를 많이 줍니다. 학습자가 스스로 생각하고 자신의 경험과 새로운 지식을 연결해 보게 하지요. 무엇보다 학습자가 호기심을 갖고 관련 주제에 대해 더 연구하고 싶은 욕구를 갖게 합니다.

네덜란드의 테사 반 스헤인딜Tessa van Schijndel이라는 연구자가 어린이들을 데리고 과학체험 박물관에 갔습니다. 그리고는 아이들에게 경사로에서 원통을 굴린 뒤 구르는 속도에 영향을 미치는 요소들을 찾아보게 했습니다. 이때 한 그룹에는 원리를 자세하고 완전하게 설명해 주었고, 다른 그룹에는 최대한 말을 하지 않고 웃어 주기만 했습니다. 어느 그룹의 어린이들이 더 열심히 실험했을까요? 바로 자세한 설명을 듣지 않은 그룹이었습니다. 자세한 설명을 들은 그룹은 실험을 거의 하지 않았습니다.

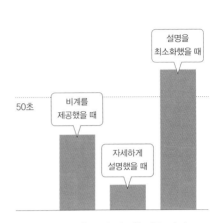

아동이 탐색적 활동에 집중한 평균 시간
출처: Van Schijndel, T. J., Franse, R. K., & Raijmakers, M. E. (2010). The Exploratory Behavior Scale; Assessing young visitors' hands-on behavior in science museums.

이처럼 다짜고짜 자세하고 완전한 설명부터 해 주는 것이 오히려 학습자의 호기심과 학습 동기를 낮출 수 있습니다. 인강은 주로 말로 설명하는 방식으로 이루어집니다. 학습자와의 상호작용 없이 제공되는 강사의 일방적인 '설명'은 학습 동기를 낮추는 확실한 방법입니다.

그런데 모델 ②로 대면수업을 하셨던 분들이 온라인수업으로 바뀌면서 테크놀로지나 온라인 환경이 익숙하지 않아 어쩔 수 없이 모델 ①로 회귀하는 안타까운 경우가 많습니다. 또한 대면수업을 모델 ①로 하셨던 분들은 온라인수업에서도 동일한 모델을 택할 가능성이 높습니다. 온라인수업은 테크놀로지라는 해결해야 할 장애물이 하나 더 있는데, 새로운 테크놀로지를 배우면서 수업 모델까지 바꾸기는 쉽지 않기 때문입니다.

하지만 모델 ①로만 수업을 하셨던 분들도 조금만 연구하고 노력한다면 모델 ②의 수업으로 전환할 수 있습니다. 다만, 모델 ② 방식의 교수자가 되기 위해서는 '천동설 → 지동설'과 맞먹는 패러다임의 전환이 필요합니다. 그 패러다임의 전환이란 다음과 같은 것입니다.

▶ 나는 모든 지식을 알고 있는 전지적 교수자가 아니다. 학생들이 나를 모든 지식을 갖춘 선생님으로 보지 않아도 무방하다.

▶ 모든 학생이 내가 가르치는 모든 것을 완전하고 동일하게 배우지 않아도 된다. 학생들이 저마다 다른 것을 배워도 괜찮다.

사실 교수자 입장에서 이 두 가지 관점을 쉽게 받아들일 수 있는 것은 아닙니다. 그러나 진정한 상호작용적 수업, 참여적 수업을 하기 위해서는 교수자가 이와 같은 관점을 수용할 수 있어야 합니다. 학생이 수업 시간에 내가 한 말을 확인하기 위해 인터넷을 찾아보아도 괜찮아야 하고, 학생이 한 질문에 답을 모를 때에는 모른다고 솔직하게 말할 수 있어야 합니다. 나는 A, B, C, D, E를 가르쳤는데 학생들은 A, C, E, P, Z를 배워 나갈 수도 있다고 여겨야 합니다. 이것이 진정한 구성주의적 학습입니다.

그렇다면 우리나라처럼 국가 교육과정이 촘촘히 짜여 있고, 반드시 성취해야 하는 목표가 구체적이고 세밀하게 명시되어 있는 경우에는 수업에서 모델 ②를 어떻게 적용할 수 있을까요? 이어지는 내용에서 구체적인 방법을 알려드리겠습니다.

초등학교 음악 수업에서 비실시간 상호작용을 이용한 소통

음악 교과를 담당하는 저는 수업 시간에 학생들과 소통할 수 있는 방법으로 〈보이는 라디오〉라는 프로그램을 운영하고 있습니다.

학생들이 돌아가면서 '일일 DJ'가 되어 점심시간에 음악을 틀어 주는 활동은 대면수업에서 꽤 많이 활용되는데요. 저는 이 활동을 원격으로 하는 음악 수업의 도입부에 활용하면 좋겠다고 생각했어요. 학생들이 음악과 가까워지고, 선생님인 저뿐만 아니라 다른 친구들과도 소통할 수 있는 좋은 방법이 될 것 같아서요.

〈보이는 라디오〉는 학생들이 사연과 함께 음악을 선정해서 저에게 몰래 알려 주면, 제가 다음 음악 수업을 시작할 때 사연을 소개하고 유튜브로 음악을 틀어 주는 방식으로 진행해요.

비실시간 수업임에도 아이들과의 소통 창구가 되고 있어 호응이 아주 좋습니다. 학생들이 무척 기대하고 기다린다고 하더라고요. 또 학생들의 생활과 거리가 먼 음악이 아닌 일상생활 속의 음악을 경험할 수 있다는 점에서도 〈보이는 라디오〉가 의미 있지 않나 생각합니다.

핵심 개념과 관련 지식

여기서 유용한 것이 바로 수업의 내용을 '핵심 개념'과 '관련 지식'으로 나누어 생각하는 것입니다.

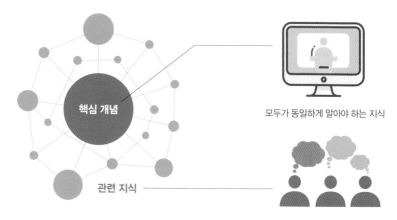

모두가 동일하게 알아야 하는 지식

학습자마다 다르게 배우는 지식

핵심 개념과 관련 지식

핵심 개념은 모든 학습자가 이 수업을 통해 반드시 알아야 할 개념입니다. 핵심 개념은 교육과정의 거대한 줄기이며 과목에 얽매이지 않는 총체적 지식입니다. 앞서 말씀드린 바와 같이 개념은 몇 가지 개별적인 지식이 아니라 여러 지식들의 의미 있는 연결과 조합입니다.

한편, 관련 지식은 핵심 개념의 구체적 적용이라고 볼 수 있습니다. 학습자는 관련 지식을 통해 핵심 개념을 더 깊이 있게 학습하게 됩니다. 관련 지식은 과목별로 분야별로 내용별로 나누어지고 각각 다르게 적용됩니다. 다시 말해 핵심 개념의 경우 수업에서 학습자들이 모든 내용을 동일하게 배우고 알아야 하지만, 관련 지식의 경우에는 학습자마다 다른 것을 배울 수 있습니다.

하나의 작은 수업 안에서도 교수자가 생각하는 핵심적인 개념이 있고, 그 핵심 개념을 적용한 이차적인 지식 즉, 관련 지식이 있을 것입니다. 핵심 개념은 대체로 추상적이고 총체적이지만 관련 지식은 구체적이고 응용적입니다. 따라서 학습자에게 의미 있는 학습은 바로 이 관련 지식의 습득에서 이루어집니다. 그런데 한편으로는 핵심 개념을 알아야 관련 지식을 제대로 이해할 수 있습니다. 관련 지식은 핵심 개념으로부터 파생되어 나오는 것임과 동시에, 핵심 개념에 깊이를 더하는 것이기 때문입니다.

따라서 교수자는 수업 내용을 핵심 개념과 관련 지식으로 구분하고, 핵심 개념은 모든 학습자가 학습하게 합니다. 그리고 관련 지식은 과제나 토론 등을 통해 각자의 필요에 맞게 각기 다른 내용으로 개별화된 학습을 하게 합니다. 그러면 핵심 개념과 관련 지식이라는 두 마리 토끼를 잡을 수 있을 것입니다.

모든 학습자가 반드시 알아야 하는 핵심 개념은 강의, 토론, 과제 등 여러 가지 방법을 통해 학습하는 것이 바람직합니다. 반드시 녹화된 비디오 강의로 해야 하는 것은 아닙니다. 하지만 원격수업에서 어떤 내용이 녹화 강의로 적합한가에 대해 묻는다면 관련 지식보다는 핵심 개념이 더 적합하다고 하겠습니다. 핵심 개념은 모든 학습자가 똑같이 알아야 하는 내용이니까요. 한편, 관련 지식은 개별화된 방법을 통해 하는 것이 더 바람직합니다. 모든 사람이 각자 자기 관심사와 필요에 맞게 학습하는 것이 의미 있기 때문입니다.

나의 수업에서 핵심 개념과 관련 지식은 무엇인가요?

아래 그림 도식을 이용하여 분석해 봅시다.

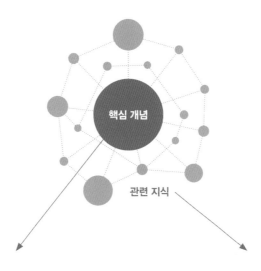

핵심 개념

관련 지식

03 핵심 개념은 강의로 — 머리에 쏙쏙 들어오는 강의 만들기

그렇다면 핵심 개념을 녹화 강의로 가르칠 때 어떻게 만들면 더 효과적일까요? 다음의 세 가지 간단한 전략들을 사용하면 학습 동기를 유발하는 강의를 만들 수 있습니다.

1 호기심 자극하기

호기심은 학습자의 학습 효율을 최대한으로 끌어올리는 요소입니다. 학습자가 궁금증을 가지고 더 알고 싶어 할 때 살아 있는 학습이 이루어질 수 있습니다. 학생이 호기심을 가지지 않는 학습은 죽은 학습인 것이지요. 바꿔 말하면 학습자의 호기심을 자극함으로써 학습 동기를 부여할 수 있습니다.

그러면 어떻게 학습자의 호기심을 자극할 수 있을까요? 의외로 간단합니다. 바로 질문으로 수업을 시작하는 것입니다.

예를 들면 "좋은 교사의 특징에는 20가지가 있습니다."라는 문장

우리 사회에 차별이 있다고 생각하나요? 그 이유는 무엇인가요?

대신 "여러분이 만났던 좋은 교사를 떠올려 보세요. 어떤 특징이 있었나요?"라는 질문으로 수업을 시작하는 것입니다. 또는 "민주주의의 특징은 다음과 같습니다."라고 시작하는 대신 "우리 사회에서 찾을 수 있는 민주주의의 특징에는 무엇이 있을까요?"라고 질문할 수도 있습니다.

질문은 문제를 인식하고 그 원인이나 해결 방법을 고민해 보는 형식으로 할 수도 있습니다. "우리 사회에 차별이 있다고 생각하나요? 그 이유는 무엇인가요?" 또는 "우리나라 학교교육의 문제는 무엇일까요?"와 같은 질문으로 수업을 시작하면 학습자가 그 문제에 대해 더 많은 관심과 호기심을 가지게 됩니다.

어떤 질문을 하더라도 질문을 한 후에는 반드시 학습자가 혼자서 혹은 그룹으로 생각해 볼 시간을 주어야 한다는 것을 기억하세요. 선생님의 질문에 학생이 호기심을 가졌다면, 그 질문에 대한 답을 스스로 고민하고 탐구할 기회가 있어야 합니다. 그래야 학생 자신에게 진정으로 의미 있는 질문이 될 수 있습니다.

② 스토리텔링하기

스토리텔링은 스토리, 즉 '이야기'를 하는 것입니다. 이야기란 전하고자 하는 내용을 일정한 줄거리를 가진 말이나 글로 표현한 것인데요. 인간은 본능적으로 이야기에 매료됩니다. 이야기에는 다양한 인물이 등장하고 흥미로운 사건이 벌어집니다. 그래서 듣는 사람의 상상력을 자극하여 그 내용 속으로 끌어들이는, 그러니까 참여하게 하는 힘이 있지요. 예를 들면 "도둑질은 나쁜 짓이다."라는 말보다는 "옛날 옛날에 어떤 사람이 살았는데 … 도둑질을 해서 벌을 받았대."라는 이야기를 들을 때 훨씬 오래 기억에 남습니다.

또한 이야기는 생명력이 길고 사람의 마음을 움직이는 힘을 가지고 있습니다. 그래서 예전부터 사람들이 갖추었으면 하는 사회적 가치와 윤리를 이야기의 형태로 전하곤 했습니다. 어렸을 때 한 번쯤 읽어 본 《흥부전》은 악하게 살면 벌을 받는다는 교훈을, 《개미와 베짱이》는 성실하게 일하는 삶에 대한 가치를 이야기 형태로 만든 것이지요.

이런 스토리텔링을 강의식 수업에서도 활용할 수 있습니다. 연구에 의하면 공부를 하기 싫어하는 학습자도, 성취도가 낮은 학습자도, 나이가 어린 유아들도, 수업 중 교수자가 스토리텔링을 하는 상황에는 집중한다고 합니다. 교수자가 만드는 콘텐츠에 스토리텔링 요소를 넣으면 학생이 강의에 더욱 몰입하게 되는 것이지요. 다음은 스토리텔링을 수업에 활용하는 전략의 예시입니다.

예시 **스토리텔링을 수업에 활용하는 전략**

과학 수업
동물의 서식지에 대한 스토리, 우리 몸의 성장에 대한 스토리, 세포의 분열과 성장에 대한 스토리, 우주의 역사에 대한 스토리 등을 강의에 포함합니다.

수학 수업
수학 공식이나 통계 분석 방법을 현실 세계에 적용한 스토리를 강의에 포함합니다. 주인공이 왜 이 공식이나 분석 방법을 써야 하는지에 대한 스토리까지 포함하면 좋습니다.

역사 수업
특정 시대에 살았던 사람에 대한 스토리, 특정 문명/문화 시대의 신문, 특정 종교를 믿는 사람에 대한 스토리, 특정 건축물에 대한 스토리 등을 강의에 포함합니다. 이때 스토리는 픽션, 논픽션 모두 괜찮습니다.

3 퀴즈 출제하기

퀴즈는 녹화 강의에서 학습 동기를 유발하기 위해 가장 간단하게 활용할 수 있는 전략입니다.

학습 동기는 크게 내재적인 동기와 외재적인 동기로 나누어집니다. 내재적인 동기는 학습자의 마음에서 나오는 동기입니다. 이 과목이 재미있어서, 더 배우고 싶어서, 궁금해서, 더 잘하고 싶어서 학습을 할 때 이를 교육학 용어로 내재적 동기에 의한 학습이라고 합니다. 공부를 잘하는 학생들, 공부가 정말 즐겁고 재미있어서 하는 학생들은 내재적 동기에 의해 학습을 합니다.

반면 시험을 잘 봐야 해서, 성적이 중요해서, 대학에 가야 하니까, 상을 받고 싶어서, 안 하면 혼나니까, 선생님이 무서워서 학습을 한다면 이는 외재적 동기에 의한 학습이라고 할 수 있습니다.

가장 바람직한 수업은 내재적 동기를 두드리는 수업입니다. 재미와 흥미를 느끼게, 더 알고 싶게, 자발적으로 참여하게 만드는 수업이지요. 앞서 설명한 호기심 자극하기와 스토리텔링 등이 내재적 동기를 불러일으키는 전략입니다. 이렇듯 내재적 동기를 유발하기 위해서는 교수자가 심도 있게 고민하고 기획해야 합니다. 그러나 매일 다양한 교과목을 수업해야 하는 초등 교사의 경우 모든 수업에 대해 높은 기획력을 갖추기 어려울 수 있습니다. 모든 수업에서 내재적 동기를 끌어내기 어렵다면, 최후의 방법으로 외재적 동기를 자극하는 전략인 퀴즈를 이용하실 것을 추천합니다.

> **TIP**
>
> 퀴즈 문항을 만들고 학생들의 응답을 수합할 수 있는 여러 서비스가 있습니다.
> **퀴즈렛** | 퀴즈렛의 장점은 학습자도 퀴즈를 만들 수 있다는 점입니다. 학습자가 더 많이 참여하길 원한다면 교사가 퀴즈를 내기보다 학생들이 스스로 퀴즈를 내고 서로 맞혀 보게 하는 것도 좋은 방법입니다.

구글 폼 | 간단한 퀴즈부터 복잡한 설문 문항까지 모두 만들 수 있는 무료 서비스입니다. 구글 클래스룸과 연동이 잘 되어 있어서 구글 클래스룸을 사용한다면 더 간단히 이용할 수 있습니다. 그러나 구글 클래스룸과 별개로 사용할 수도 있습니다.

네이버 폼 | 구글 폼과 마찬가지로 다양한 형태의 문항을 만들 수 있는 무료 서비스입니다. 구글 폼과 달리 여러 가지 기본 템플릿을 제공하고, 직접 디자인을 할 수 있는 여지가 조금 더 있습니다.

퀴즈렛
quizlet.com

구글 폼
google.com/intl/ko/docs/about

네이버 폼
office.naver.com

녹화 강의는 학습자의 시간적 자율성을 최대화하는 장점이 있다고 했습니다. 시간적 자율성을 최대화하려면 강의 비디오를 짧게 만드는 것이 좋습니다. 예를 들어 1시간짜리 내용이라면 10분 단위로 끊어서 6개의 비디오를 제공하는 것이 학습자에게 시간 자율성을 더 많이 주는 방법입니다. 따라서 녹화 강의에서 퀴즈를 이용할 경우 다음과 같은 방식으로 수업을 할 수 있습니다.

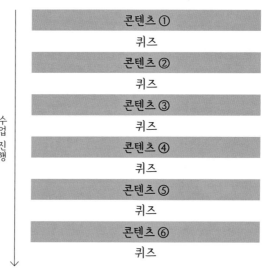

퀴즈는 직전의 강의를 들었다면 부담 없이 풀 수 있는 수준이어야 합니다. 하지만 강의를 듣지 않고도 풀 수 있을 정도로 쉽다면 퀴즈를 내는 의미가 없겠죠. 문제 수는 교수자 마음이지만 일반적으로 1~3문제 정도가 적당합니다. 퀴즈 문항의 예시는 다음을 참고하세요.

예시 퀴즈 문항

1   영상에서 우리나라의 해외여행객이 점차 증가한 까닭을 무엇이라고 하였나요?

   ....

2   영상에 나온 민주 정치의 원리는 다음 중 어느 것인가요?
   (1) 대통령제   (2) 권력분립   (3) 국민투표   (4) 간접투표   (5) 헌법주의

방탈출 퀴즈

방탈출 퀴즈는 구글 폼이나 네이버 폼을 이용하여 퀴즈를 게임화한 활동입니다. 연속되는 퀴즈에 스토리를 입혀 문제의 정답을 맞히면 탈출 성공이라는 피드백을, 오답을 입력하면 탈출 실패라는 피드백을 제시함으로써 학습을 지속하는 동기를 부여할 수 있습니다. 퀴즈는 다음과 같은 방식으로 진행됩니다. (템플릿 출처: 인디스쿨 허다원 선생님)

01 스토리를 제시하여 퀴즈를 풀 동기를 부여한 뒤, 콘텐츠나 강의 내용과 관련된 퀴즈를 제시합니다.

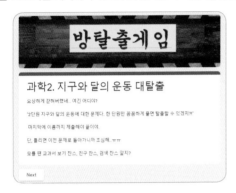

02 퀴즈를 다 풀면 피드백이 있어야 합니다. 모두 정답이면 탈출에 성공했다고 알려 줍니다. 오답이 있을 때는 탈출에 실패한 것이므로 다시 돌아가서 고치도록 합니다.

관련 지식은 과제로
— 어떤 과제가 좋을까

관련 지식은 학생들마다 필요에 따라 개별화하여 학습하는 것을 목표로 합니다. 관련 지식에서는 학습자가 저마다 다른 내용을 학습할 수 있습니다. 교수자는 학습자가 모두 다른 것을 배운다고 생각하면 당황하곤 합니다. 하지만 가장 의미 있는 학습은 바로 이 개별 학습에서 이루어집니다. 앞서 다룬 핵심 개념 학습은 이 개별화된 학습을 위한 것이라고 보아도 무방합니다. 개별화된 학습으로 관련 지식을 습득하는 가장 좋은 방법은 개별화할 수 있는 과제를 내는 것입니다.

과제는 학생들이 배운 것을 개별적으로 적용해 볼 수 있는 기회입니다. 녹화된 강의를 듣고 퀴즈를 푸는 것만으로는 개별화된 학습을 하는 데 충분하지 않습니다. 퀴즈는 녹화 강의에서 전달한 정보를 제대로 이해하고 기억하는지 점검하는 것이기 때문이지요. 반면, 과제에서는 강의를 통해 배운 내용을 학습자 스스로 적용하거나 새로운 것을 만들어 보게 할 수 있습니다. 따라서 과제는 앞서 설명한 블룸의 교육 목표 ▶▶p.032 중 중간 수준이나 상위수준을 지향해야 합니다. 학습자가 직접 생산하는 과제, 그리고 디지털 툴을 활용하는 과제가 여기에 해당합니다.

학습자가 스스로 탐구하고 제작하는 과제

배운 내용을 분석하거나 적용해 보는 과제는 진정한 학습을 가능하게 합니다. 과제의 큰 주제는 교수자가 정해 주더라도 세부 주제는 학습자가 스스로 결정하고 찾고 연구하며 개발하도록 하는 것이 좋습니다.

예시 학습자 주도적 과제

스스로 찾고 연구하는 과제
(개구리의 한살이에 대한 5분 분량의 영상 시청 후)
Q. 개구리의 한살이에 대해 새롭게 알게 된 점이나 궁금한 점을 써 보세요.
Q. 여러분이 좋아하는 동물을 골라 그 동물의 한살이에 대해 찾아보고 프레젠테이션을 만들어 보세요.

생각해 보고 토론하는 과제
(물체의 무게를 재는 방법에 대한 5분 분량의 강의 시청 후)
Q. 늙은 호박의 무게를 재려고 하는데 호박이 너무 무거워서 가지고 있는 저울로는 잴 수 없습니다. 이렇게 무거운 물체는 어떻게 무게를 재면 좋을까요? 여러분의 아이디어를 게시판에 쓰고, 다른 친구들이 쓴 답에 대해서도 댓글을 달아 보시기 바랍니다. 자신의 아이디어대로 호박의 무게를 재는 실험을 해 보고, 이를 영상으로 찍어도 좋습니다.

의미 있는 결과물을 만드는 과제
(진동에 대한 5분 분량의 영상 시청 후)
Q. 진동을 이용한 여러분만의 창의적인 악기를 만들어 보세요. 악기가 소리를 내는 영상을 찍어 게시판에 올리고, 다른 친구들이 올린 영상도 살펴봅시다.

2 디지털 툴을 활용하는 과제

학습자가 다양한 형태의 과제를 수행하면서 활발히 참여하기 위해서는 교수자뿐 아니라 학습자의 디지털 리터러시도 중요합니다. 참여적 수업은 학습자를 지식의 소비자가 아닌 지식의 생산자로 본다는 특징이 있습니다. 그리고 학생이 스스로 탐구하여 지식을 생산해 내려면 다양한 디지털 툴을 사용할 수 있어야 합니다.

과제 제시형은 모든 수업 중 가장 높은 디지털 리터러시를 요합니다. 특히 뒤에 나오는 협력적 글쓰기 ▶▶p.230 처럼 여러 사람이 공동으로 작업하는 참여 수업을 하려면 학급의 모든 학생이 그 툴을 사용할 수 있어야 합니다.

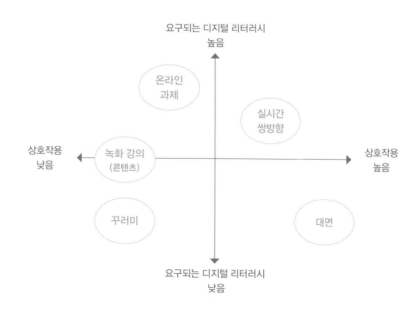

수업별 상호작용과 요구되는 디지털 리터러시의 수준

지금까지는 교수자가 수업 자료를 만들기 위해 파워포인트, 워드 프로세서, 동영상 등의 툴을 활용해 왔다면, 이제는 패러다임을 전환할 때입니다. 교수자가 아닌 학습자가 이러한 툴을 이용해서 지식을 생산해 내도록 해야 합니다. 이것이 바로 학습자를 지식의 소비자에서 지식의 생산자로 만드는 방법이며, 디지털 툴을 원래의 용도에 맞게 사용하는 길입니다.

학습자의 디지털 리터러시를 높이기 위해 학기 초에 시간을 들여 툴 사용법에 대한 오리엔테이션을 하는 것은 충분한 가치가 있습니다. 이때 오리엔테이션은 30분 이내로 간단히 진행하고 학습자에게 툴을 직접 가지고 놀게 하는 것이 더 효과적일 수 있습니다. 툴 사용법을 하나하나 설명하려다 보면 교수자도 힘들고 학생들도 지칩니다. 이미 여러 디지털 미디어에 노출되어 있는 학생들은 툴을 조금만 다뤄 보면 생각보다 금방 사용법을 습득합니다. 그러니 툴에서 제공하는 기능을 대략적으로 알려 주고 장난감을 가지고 놀듯 이것저것 살펴보게 하세요. 쉬운 과제를 몇 개 내 주고 학생들이 어려워하는 부분에서 도움을 주는 것도 좋습니다. 그러면 금세 다양한 기능을 익히고 능숙하게 툴을 사용하는 학생들의 모습을 볼 수 있을 것입니다.

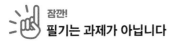

잠깐!
필기는 과제가 아닙니다

과제는 '강의를 듣고 필기하기'의 수준이어서는 안 됩니다. 필기는 필요하면 사용하는 학습 전략의 하나일 뿐, 과제가 될 수 없습니다. 과제는 개인의 필요에 따라 개별화된 학습을 유도해야 합니다.

나의 수업에서는 어떤 과제가 좋을까요?

학습자가 직접 탐구하고 생산하는 과제를 기획해 봅시다.

	과목 1	과목 2
<u>스스로 찾고</u> 연구하는 과제		
생각해 보고 토론하는 과제		
의미 있는 결과물을 만드는 과제		

초등학교 과학 수업에서 패들렛을 이용한 심화 학습

저는 초등학교 과학 교과목에서 한 학기 수업을 마무리하는 심화 학습 활동을 디자인해 보았습니다. 학생들이 그동안 공부한 내용 중에서 더 알아보고 싶은 분과를 선택해 직접 찾아 공부하고 질문을 만드는 활동이지요. 일종의 '꼬마 과학자 활동'이라고나 할까요. 모든 학생이 동일한 심화 학습을 하는 것이 아니라, 각자의 흥미에 맞게 탐구해 보는 온라인학습으로 구성했습니다. 패들렛이라는 툴을 사용한 이 심화 학습은 다음과 같이 진행되었습니다. 제가 제시한 주제는 '과학자의 길'이었습니다.

01 각자 관심 있는 분과를 선택하고, 그 이유를 작성하기
학생들은 '과학자의 길'이라는 콘셉트의 온라인수업 페이지에 접속해 물리학자, 화학자, 생물학자, 지구과학자가 하는 일들을 알아봅니다. 이 중에서 각자 관심 있는 분과를 선택하고, 그 분과를 선택한 이유를 작성합니다.

02 자신이 선택한 분과에 맞추어 심화 학습을 하고, 패들렛에 배운 내용 공유하기
'물리학자의 길', '지구과학자의 길'처럼 각자 선택한 분과에 맞추어 6학년 1학기 과학 수업에서 배운 내용을 심화 학습합니다. 이때 딱딱하고 어려운 내용보다는 학생들이 흥미를 가질 만한 영상을 주로 활용했는데요. 예를 들어 교과서의 '빛과 렌즈' 단원과 관련된 물리 분과를 선택한 학생은 우리 눈에 보이는 빛/보이지 않는 빛, 사람마다 색이 조금씩 다르게 보이는 까닭, 투명한 이빨을 가진 심해어 등을 알아봅니다. 각자 학습을 마친 후에는 모든 학생이 하나의 패들렛에 접속해 배운 내용을 공유했습니다.

03 나만의 탐구 질문을 만들고 좋은 탐구 질문 뽑기
이렇게 심화한 학습 내용을 바탕으로 이그노벨상Ig Nobel Prize 대회를 엽니다. 이그노벨상 대회란 다소 황당하고 기발한 연구를 골라 상을 주는 대회인데요. 학생들이 직접 이그노벨상 대회가 무엇인지, 이 대회에서 상을 받은 재미있는 주제에는 어떤 것이 있는지 찾아보게 합니다. 학생들은 이를 참고하여 스스로 탐구 질문을 만들고, 다른 학생들이 만든 탐구 질문들도 살펴봅니다. 그중에서 좋다고 생각하는 질문에 투표하여 이그노벨상 수상자를 뽑습니다.

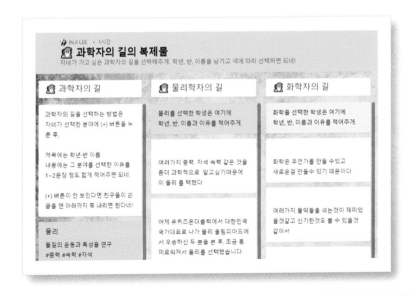

05 개인 과제 vs. 그룹 과제

원격수업에서 과제를 개인 과제로 낼 것이냐, 그룹 과제로 낼 것이냐를 결정하는 일은 쉽지 않습니다. 학습자들의 반응은 대체로 반반으로 나누어집니다. 그룹 과제를 선호하는 학생들이 있는가 하면 개인 과제를 선호하는 학생들이 있지요.

개인 과제와 그룹 과제는 그 특성과 목적이 다릅니다. 개인 과제는 학습하고 조사하여 정리한 내용을 보고하기에 적합한 방법입니다. 반면 그룹 과제는 비교·분석하고, 아이디어를 내고, 복잡한 문제를 해결하는 데 적합합니다. 원격수업 환경에서는 학습자들이 서로 다른 장소에 있기 때문에, 그룹 과제보다 개인 과제를 선택하게 될 가능성이 높습니다.

원격수업을 하는 학습자는 교사나 친구들과 직접 만나지 못하기 때문에 외로운 경향이 있습니다. 따라서 그룹 과제를 포함하는 것을 적극적으로 고려해야 합니다. 실제로 대부분의 원격수업 가이드라인에서는 대그룹 활동, 소그룹 활동, 개인적 활동 경험을 모두 제공하는 것이 효과적이라고 조언합니다.

원격수업의 그룹 과제에서 한 그룹의 인원은 2~4명이 적당합니다. 물리적 거리나 사회적 상황으로 인해 학생들이 오프라인에서 만나기 어렵다면, 교수자가 화상회의 플랫폼을 안내해 주어 온라인에서 협력할 수 있도록 해야 합니다. 줌의 경우 일정 시간 무료로 사용할 수 있으며, 구글 미트의 경우 시간제한 없이 무료로 사용할 수 있습니다. 실시간 화상회의 플랫폼을 사용하기 어렵다면 카카오톡 단체 채팅방이나 그룹콜 기능을 이용할 수도 있습니다.

그룹 과제는 개인별 기여도가 명확하게 드러나지 않기 때문에 간혹 성실하게 임하지 않는 학생이 있습니다. 이러한 일을 예방하기 위해서도, 열심히 하는 다른 학생들과의 형평성을 위해서도, 그룹 과제에는 동료평가를 포함하는 것이 좋습니다.

그룹 과제의 동료평가란 과제가 끝난 후 자신 외에 다른 그룹원들이 과제를 얼마나 성실히 수행했는지 평가하는 것입니다. 평가지는 구글 폼 또는 네이버 폼으로 만든 뒤 학생들에게 링크를 보내 작성하게 할 수도 있고, 표 형태의 평가지를 이메일로 보내 회신을 받을 수도 있습니다.

다른 평가와 마찬가지로, 동료평가에서도 채점 기준에 해당하는 루브릭을 사전에 제시해야 합니다. 그래야 학습자가 평가 기준을 미리 알고 학습에 임할 수 있습니다.

예시 동료평가 루브릭

	평가 항목	그룹원 1	그룹원 2	그룹원 3	그룹원 4
1	팀 활동에 적극적으로 참여했다.				
2	시간을 유용하게 사용했다.				
3	수준 높은 결과물을 만들어 냈다.				
4	다른 팀원들을 잘 도와주었다.				
5	긍정적인 자세로 임했다.				
	총점				

＊ 점수: 매우 우수=5, 우수=4, 보통=3, 부족=2, 매우 부족=1

개별 비디오 과제

그룹 과제는 '4강 깊이 있는 참여 수업'에서 더 자세히 설명하기로 하고, 여기에서는 우선 원격수업에서 할 수 있는 개인 과제인 개별 비디오 과제에 대해 살펴보겠습니다.

과제가 반드시 글을 쓰거나 문제를 푸는 형태일 필요는 없습니다. 전통적인 수업에서는 교사가 콘텐츠 생산자였지만 이제는 학습자가 콘텐츠 생산자가 되어야 합니다. 요즘은 비디오 콘텐츠를 쉽게 제작할 수 있는 툴이 많이 개발되어 있습니다. 그렇다면 학생들에게 어떤 비디오 과제를 제시하면 좋을까요? 아래의 아이디어들을 활용해 보세요.

1 개별 비디오 과제 아이디어

● 자기소개 비디오

학습자들이 아직 서로 잘 모를 때 하면 좋은 과제입니다. 학습자들이 비디오 촬영에 부담을 느낄 수 있으므로, 비디오에 포함되어야 하는 최소한의 내용과 분량을 명시해 주는 것이 좋습니다. 예를 들면 "① 이름, ② 좋아하는 활동, ③ 자신이 가장 좋아하는 책과 그 이유를 1분 이내로 소개하세요."처럼 말이지요.

교수자가 먼저 자기소개 비디오를 올려 주면 학생들이 과제를 더 쉽게 수행할 수 있습니다.

● 30초 북 토크 비디오

가장 최근에 읽은 책 혹은 가장 좋아하는 책을 30초 이내로 소개하는 비디오를 찍어 올리도록 합니다. 책의 제목과 이 책을 추천하는 이유를 이야기하게 합니다.

이 활동은 협력적 글쓰기 활동 ▶▶p.230 과 함께 할 수 있습니다. 예를 들어 책의 내용을 요약하여 설명하는 파워포인트 슬라이드를 협력적으로 제작하고, 여기에 각자 찍은 30초 북 토크 비디오를 삽입하는 과제를 낼 수 있습니다.

● 의미 있는 장소를 소개하는 비디오

자신에게 의미 있는 장소를 비디오로 찍어 소개합니다. 그 장소는 자기 방일 수도 있고, 산이나 바다일 수도 있습니다. 직접 갈 수 없는 곳이라면 구글 어스Google Earth나 지도 서비스의 거리뷰, 예전에 찍어 두었던 사진을 이용해도 괜찮습니다. 비디오로 장소를 보여 주면서 그 장소가 자신에게 의미 있는 이유를 설명하도록 합니다.

이 과제는 학습자들 사이에 라포가 형성되는 데 도움이 됩니다. 또한 교과목에 따라 장소뿐만 아니라 물건이나 사람, 음식을 소개하게 할 수도 있습니다.

● 과학 실험 비디오

과학 교과목과 관련하여 가정에서 간단히 할 수 있는 실험이 있다면 실험

과정을 비디오로 찍어 올리게 할 수 있습니다.
예를 들어 물과 기름이 섞이지 않는 것을 확인하
는 실험, 식초와 소다를 섞었을 때 기체가 발생
하는 것을 보여 주는 실험 등 집에 있는 재료와
도구로 할 수 있는 안전하고 간단한 실험들을 해
봅니다. 유튜버처럼 실험 과정을 설명하면서 비디오를 촬영할 수도 있습
니다.

다만, 실험을 하기 위해서는 두 손이 모두 필요하므로 카메라를 고정
시킬 별도의 장치가 필요합니다. 따라서 상자나 종이컵 등 주변에서 쉽게
구할 수 있는 재료로 손쉽게 DIY 거치대를 만드는 방법을 함께 안내해
주는 것이 좋습니다.

● 만들기 과정 비디오

학생들에게 유튜브 영상을 보면서 종이접기를 하라는 과제를 내기보다
는, 직접 종이접기 방법을 가르쳐 주는 비디오를 만들어 보라고 하면 어
떨까요? 전자는 학생을 지식의 소비자로 훈련시키지만 후자는 학생을 지
식의 생산자로 훈련시키는 교육입니다. 교과 학습 활동에 나오는 만들기
과제나 종이접기, 미니어처 만들기, 재활용품 이용하여 만들기 등 자신에
게 의미 있는 물건을 만들어 볼 수 있습니다.

가능하면 실제로 인터넷상에 게시할 수 있는 결과물을 내도록 하는 것
이 좋지만, 이는 기준으로만 제시하고 실제 게시 여부는 학습자의 자율에
맡기도록 합니다.

● 스피치 비디오

학습자 수준에 맞는 스피치를 연습하여 비디오로 찍게 합니다. 꼭 멋있는

스피치가 아니어도 괜찮습니다. 형식은 학습자가 자유롭고 유연하게 선택하도록 합니다. 예를 들어 영어 수업이라면 빨리 발음하기 어려운 문장을 빠르게 말하는 놀이인 텅트위스터tongue twister(잰말 놀이), 간단한 영어 노래 부르기, 영시나 영어 구절 낭독하기 등을 할 수 있습니다.

● 튜토리얼 비디오

튜토리얼이란 쉽게 말해 제품의 사용 설명서 또는 기술의 조작 매뉴얼을 뜻합니다. 자신이 잘 다룰 수 있는 물건의 작동법, 자주 사용하는 소프트웨어를 설치하고 시작하는 법, 자신의 취미나 특기에 대한 노하우 등을 1분 이내에 설명하는 튜토리얼 비디오를 만들어 공유합니다.

학생들이 다양한 비디오 과제를 수행하면 이를 선생님에게만 제출하는 것이 아니라, 학급 친구들과 공유하게 하는 것이 좋습니다. 서로의 과제를 보고 의견을 주며 상호작용하는 과정에서 학급 내 커뮤니티가 형성되기 때문입니다. 이제 여러 명이 간편하게 비디오를 공유할 수 있는 플랫폼인 플립그리드에 대해 소개하겠습니다.

2 플립그리드 사용하기

플립그리드Flipgrid는 짧은 동영상을 게시하고 공유할 수 있는 소셜 비디오 플랫폼으로, 스마트폰과 컴퓨터 모두에서 사용할 수 있습니다. 그럼 플립그리드를 사용하여 과제를 내는 방법을 알아볼까요?

<u>01</u> 'Create a Topic' 버튼을 눌러 비디오 과제의 주제를 만듭니다.

<u>02</u> 그러면 다음과 같은 창이 나옵니다. 우선 'Topic Essentials'의 항목들을 보겠습니다.

❶ **Title**: 과제의 제목을 씁니다.

❷ **Prompt**: 학생들에게 줄 지시사항을 씁니다. 한글로 써도 됩니다.

❸ **Recording Time**: 비디오 녹화 제한 시간을 지정합니다. 녹화 가능 시간은 최대 10분입니다.

❹ **Closed Captions**: 자동 자막 기능입니다. 아직 한글은 지원하지 않으므로 'Off'를 선택하시기 바랍니다.

❺ **Video Moderation**: 교사의 검토가 완료된 비디오만 올릴 수 있게 하는 시스템입니다. 필요에 따라 사용하시면 됩니다.

❻ **Media**: 교사가 줄 지시사항이나 안내 혹은 인사를 추가하는 옵션입니다. 비디오 토론을 원한다면 교사부터 비디오로 질문을 하는 것이 좋습니다. 왼쪽부터 순서대로 비디오 촬영하기, 비디오 파일 업로드하기, 유튜브나 비메오 영상 링크하기, 그림 업로드하기, 지피 추가하기, 이모티콘 추가하기입니다.

03 'Topic Essentials'를 모두 작성했다면 아래에 있는 'Access Control'을 선택해야 합니다. 여기에는 'Private'과 'Public'이라는 탭이 있습니다.

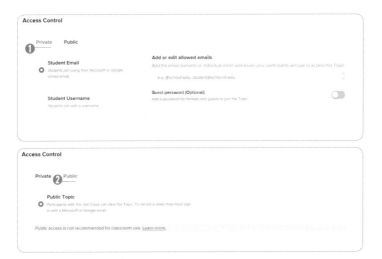

❶ **Private**: 학생의 이메일 주소나 이름 등으로 접근 권한을 제한하여 허가받은 사람만 참여할 수 있게 합니다.

❷ **Public**: 참여 코드만 있으면 누구나 참여할 수 있게 합니다.

04 이제 모든 설정이 끝났습니다! 오른쪽 하단의 'Create Topic'이라는 파란 버튼을 누르면 주제가 만들어집니다.

05 만든 주제에 대한 참여 코드나 링크를 학생들에게 보내 줍니다. 교수자가 먼저 질문을 제시하는 비디오를 올려 두고, 학생들이 이를 보고 자신의 답을 비디오로 녹화하여 게시하게 하는 것이 좋습니다.

녹화 강의를 참여적 수업으로 만드는 하이퍼도큐먼트

하이퍼도큐먼트hyperdocument는 녹화 강의를 참여적 수업으로 만드는 데 효과가 높은 전략이라 따로 떼어서 설명하려 합니다. '하이퍼'는 링크를 의미하는 하이퍼텍스트hypertext에서 따온 말이고 '도큐먼트'는 문서라는 뜻이니, 하이퍼도큐먼트란 링크가 있는 문서라고 이해하시면 됩니다. 하이퍼도큐먼트는 과제 제시형과 콘텐츠 제시형을 혼합한 형태입니다. 학습자를 위해 과제와 콘텐츠를 구조화시켜 제공하는 것이지요.

학습에는 계획 단계에서 평가 단계에 이르는 사이클이 있습니다. 교수자는 수업을 계획하면서 학생들에게 나누어 줄 자료들을 만들거나 모읍니다. 대면수업에서는 수업을 하면서 적절한 타이밍에 그 자료들을 나누어 주고 읽거나 써 보게 할 수 있습니다. 그리고 수업이 끝날 즈음에는 그날 배운 것을 학생들이 잘 이해했는지 간단히 평가하기도 하지요.

그런데 원격수업에서는 이렇게 타이밍을 맞춰 학생들에게 자료를 나누어 주기가 어렵습니다. 그렇다고 이미 녹화해 둔 하나의 영상으로만 수업을 한다면 어떨까요? 학생들이 금세 흥미를 잃을 것입니다. 이때 사용할 수 있는 매우 간단하면서도 강력한 전략이 하이퍼도큐먼트입니다.

하이퍼도큐먼트는 디지털 도큐먼트입니다. 종이로 나누어 주는 것이 아니라 클라우드 기반의 워드프로세서나 프레젠테이션을 사용하지요. 한 장 혹은 몇 장의 디지털 종이에 학생들이 배워야 할 내용이 학습 사이클에 맞게 순서대로 정리되어 있는 것이 바로 하이퍼도큐먼트입니다.

 하이퍼도큐먼트의 예시

하이퍼도큐먼트의 감을 잡기 위해 몇 가지 수준별 예시들을 간단히 살펴
보겠습니다.

Questions & Prompts	Your Response
Introduction 비디오1: 학습장애를 아시나요? 비디오2: 이 아이를 한 번 보세요 (지상의 별처럼 중). **질문1: 동영상 속의 아이는 수업 시간에 어떤 경험을 하나요? 아이의 관점에서 서술해보세요.**	
비디오3: 학습장애의 정의 **질문2: 현재까지 학습장애에 대해 새롭게 알게 된 점이나 궁금한 점을 써보세요.** **질문3: 학습장애라는 진단은 혹시 학교 안에서만 의미가 있는 것은 아닐까요? 학교를 졸업한 후에도 학습장애라는 진단이 필요할까요? 여러분의 생각을 써보세요.**	

이 하이퍼도큐먼트는 크게 두 부분으로 되어 있습니다. 교수자가 질문
을 하는 부분과 학습자가 답변을 하는 부분입니다. 초등 고학년 이상에게
는 이러한 형태의 하이퍼도큐먼트가 적절합니다.

왼쪽 칸을 보면 학생들이 교수자가 의도한 순서대로 위에서부터 하나
씩 하나씩 학습하며 내려오게 되어 있습니다. 여기에는 교수자가 준비한
자료가 링크되어 있고, 그 자료에 대해 학생에게 던지는 질문이 제시되어
있습니다. 학습자는 링크된 각각의 자료를 보고 끝나는 것이 아니라 자신
의 답변을 오른쪽 칸에 써야 합니다.

질문과 답변은 배운 것을 확인하는 문제와 정답 형식일 수도 있고, 해

당 주제에 대한 자신의 생각을 정리하는 서술 형식일 수도 있습니다. 이는 교수자가 디자인하기 나름입니다.

한편, 다음의 하이퍼도큐먼트는 어린 학생들에게 적합한 형식입니다.

이 하이퍼도큐먼트는 질문과 답변을 위한 칸이 별도로 구분되어 있지 않습니다. 유아 및 초등 저학년 학생들은 아직 컴퓨터나 핸드폰 자판이 익숙하지 않을 가능성이 큽니다. 그러므로 지나치게 많은 양의 쓰기를 유도하는 질문이 아니라, 단답 형식의 답변을 할 수 있는 질문을 주는 것이 좋습니다.

2 하이퍼도큐먼트의 자료

하이퍼도큐먼트에서 링크로 제공되는 자료는 짧은 인강 형태의 자료일 수도 있고, 활동을 유도하는 자료일 수도 있습니다. 하이퍼도큐먼트의 자료는 다양한 형식(예 신뢰성 높은 웹사이트에서 제공하는 읽기 자료, 검증된 동영상, 음악, 게임 등)과 활동(예 협력적 글쓰기, 협력적 프레젠테이션 만들기 등)을 섞어서 제공하는 것이 좋습니다.

다음 하이퍼도큐먼트는 여러 형식의 자료를 제공하면서 다양한 활동을 할 수 있게 되어 있습니다.

소리에 대해 알아봅시다

들어가기	알아보기
소리에 대해 무엇을 알고 있나요? 소리에 대해 아는 것을 친구들과 함께 <u>이 곳</u>에 써 보세요.	<u>비디오</u>를 보며 소리에 대해 알아봅시다.
탐색하기	**적용하기**
소리에 대한 <u>설명</u>을 읽어봅시다.	소리에 대해 무엇을 알게 되었나요? 친구들과 다 함께 <u>파워포인트</u>를 만들어봅시다.

소리에 대해 알아보는
하이퍼도큐먼트 예시

우선 첫 번째 '들어가기'에서 링크(<u>이 곳</u>)를 클릭하면 교사가 미리 만들어 둔 구글 문서로 이동합니다. 구글 문서에는 학생 수만큼 빈칸이 있는 표가 있습니다. 학생들은 여기에 들어가 각자 한 칸씩 자신의 답변을 작성합니다. 오른쪽은 학생이 답변한 예시입니다.

소리에 대해 아는 것을 써보세요.

예) 귀로들어와요 공명	진동	소리의 종류가 다양소리는 다양하다	공기의 진동으로 전달된다	컵도 깰 수 있다.
소리는 매질이 필요하다.	소리는 파동	큰 소리를 들으면 귀가 아파요.	소리는... 잘 생각이 안나요	소리는 높낮이와 세기로 구분할 수 있다.
롱코드 여객기	잔00	주파수모양이 없어요	귀청을 울려 귀에 들리는 것	큰 소리를 계속 들으면 청각이 안좋아져요
소리는 빛보다 느려요	소리는 아름답다	지을	물을지 말지 내가 결정할 수 없음	ㅇ말
소리는 파동이다	스피커 앞에 있으면 울린다.		진동 공기가 없으면 못들어요	떨림이 필요해요
소리를 들으면 그 때의 기억이 되살아난다.		물속에서도 들을 수 있어요	반응	힐링할 수 있는 소리가 있기도 하고, 첨들게 하는 소리가 있기도 함.

두 번째 '알아보기'의 링크(비디오)를 누르면 캐릭터와 노래를 통해 파동의 개념을 쉽게 배울 수 있는 유튜브 영상이 연결되어 있고, 세 번째 '탐색하기'의 링크(설명)에서는 소리의 정의와 원리를 풀어 쓴 글을 읽어 볼 수 있습니다. 네 번째 '적용하기'의 링크(파워포인트)를 누르면 구글 프레젠테이션으로 이동하는데, 여기에서는 학생들이 협력적 프레젠테이션을 만들 수 있습니다.

> **TIP**
>
> 디지털 공유 문서를 사용하여 활동을 수행하면, 학생들이 자신의 생각을 작성하는 동시에 다른 학생들의 답변도 볼 수 있습니다. 짧은 시간에 많은 양의 학습을 할 수 있는 것이지요. 본문에 예로 든 구글 문서 대신 패들렛Padlet을 사용하여 각자 노트를 써서 붙이게 할 수도 있습니다.
>
> **구글 문서** | 클라우드 기반의 워드프로세서로, 한글이나 MS 오피스 워드의 구글 버전이라고 보시면 됩니다. 한 번에 여러 사용자가 접속하여 함께 읽거나 쓸 수 있고, 누가 어느 부분을 썼는지 알 수 있어 편리합니다.
>
> **패들렛** | 역시 클라우드 기반의 프로그램인데, 버추얼 포스트잇에 메모를 하여 벽에 붙이는 것과 같은 활동을 할 수 있습니다. 패들렛 역시 여러 명이 동시에 접속하여 브레인스토밍을 하거나 스토리를 만들거나 간단한 글쓰기를 할 수 있습니다. 패들렛 사용법은 4강에서 자세히 다루고 있습니다.
>
> 　　　
>
> 구글 문서　　　　　　　　패들렛
> docs.google.com/document　　ko.padlet.com

③ 하이퍼도큐먼트의 모델

학습 사이클에 따라 여러 가지 하이퍼도큐먼트 모델을 만들 수 있습니다. 먼저, 가장 간단한 모델은 다음과 같습니다. 학생이 수업 내용을 탐색하고, 이를 정리하여 설명한 뒤, 다른 상황에 적용해 보게 하는 순서로 이루어진 모델입니다.

이 모델을 기반으로, 수업 전에 학생들의 호기심을 자극하는 순서를 추가할 수도 있습니다. 또한 학생들이 각자 적용해 본 답변이나 과제를 서로 공유하는 순서를 넣는 것도 좋습니다. 아니면 배운 내용을 적용하는 과제가 아닌 확장하는 과제를 제시하고 자기 평가를 해 보도록 할 수도 있지요. 그러면 하이퍼도큐먼트의 모델이 다음과 같이 확장될 것입니다. 여러분도 수업의 목표나 학습자의 수준을 고려한 학습 사이클에 따라 다양한 하이퍼도큐먼트의 모델을 만들어 보시기 바랍니다.

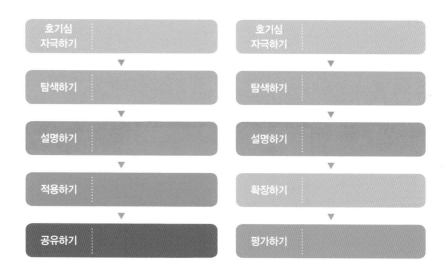

구글 폼과 구글 지도를 활용한 하이퍼도큐먼트

하이퍼도큐먼트는 구글 문서나 구글 프레젠테이션을 이용해서 만들 수도 있지만, 구글 폼(혹은 네이버 폼)을 활용해도 됩니다. 구글 폼의 장점은 답안을 항목별로 자동 정리하여 엑셀 형식으로 제공한다는 점입니다. 다음은 구글 폼을 이용한 하이퍼도큐먼트의 예시입니다.

[예시] **구글 폼을 활용한 하이퍼도큐먼트**

지구의 자전

탐색하기: 지구 자전에 대한 비디오를 볼까요?

설명하기: 다음의 이야기를 읽어보고 지구 자전으로 인해 생기는 현상들을 설명해보세요. https://terms.naver.com/entry.nhn?docId=1023893&cid=47309&categoryId=47309

Your answer

적용하기: 지구가 자전을 멈추면 어떤 일이 일어날까요? 여러분의 생각을 써보세요.

Your answer

Submit

구글 폼을 활용한
하이퍼도큐먼트

장소와 연관 지어 학습할 수 있을 때는 구글 지도Google Maps를 이용하여 하이퍼도큐먼트를 만들 수도 있습니다. 여기에서는 행복했던 추억을 떠올려 보고 그 일이 어디에서 일어났는지 생각한 후 공유된 지도에 표시를 하는 활동을 예로 들어 보겠습니다. 먼저 다음과 같은 하이퍼도큐먼트를 제시합니다.

예시 **구글 지도가 링크된 하이퍼도큐먼트**

질문	답변
행복을 느꼈던 일을 떠올려보세요. 어떤 기억인가요? 옆 칸에 써봅시다.	
그 일은 어디에서 일어났나요? 도시나 장소의 이름을 써보세요.	
지도에 가서 위의 도시나 장소를 찾아 핀을 꽂고 설명을 붙이세요.	
다른 친구들의 이야기도 읽어보세요. 어떤 생각을 했나요?	

구글 지도가 링크된
하이퍼도큐먼트

위의 하이퍼도큐먼트에서 링크(지도)를 클릭하면 구글 내 지도Google My Maps로 연결됩니다. 구글 내 지도는 구글 지도가 제공하는 맞춤 지도 서비스입니다. 구글 내 지도에서는 여러 명의 사용자가 동시에 접속하여 각자 포인터를 찍고, 그 포인터에 짧은 글을 달 수 있습니다. 이는 교과와 관련지어 사용하기 좋은 협력적 지도입니다.

다음은 학생들이 구글 내 지도에 행복했던 추억이 있는 장소를 표시하고 설명을 붙인 예시입니다.

예시 **구글 내 지도**

여러 하이퍼도큐먼트에 대하여 알아보았습니다만, 하이퍼도큐먼트의 핵심은 다음 세 가지입니다.

- ▶ 교사의 자료 제시
- ▶ 학생의 참여
- ▶ 위의 두 활동을 교사가 의도한 순서에 맞게 진행

하이퍼도큐먼트는 비실시간 수업이나 인강식 수업을 해야 하는 상황에서 수업의 요소 ▶▶p.059 를 모두 넣을 수 있는 가장 간단하면서도 효과적인 방법입니다.

08 비실시간 수업에서는 피드백이 중요하다

일반적인 수업 상황에서도 피드백은 매우 중요합니다. 최근 연구에 의하면 피드백은 깊이 있는 학습이 일어나게 하는 데 필수적인 요소입니다. 이 책의 가장 처음에 언급한 메타X 프로젝트 ▶▶p.004 에서도 피드백은 학생의 성취도에 상당히 강력한 영향을 미치는 것으로 나타났습니다.

댄 베렛Dan Berrett이라는 교육학자는 학습에서 교수자의 역할이란 스포츠에서 코치의 역할과 같다고 하였습니다. 코치는 개개인의 강점과 약점을 파악하여 각 선수가 어떤 점을 보완해야 할지 알려 주고, 딱 좋은 타이밍에 필요한 말을 해 주고, 선수가 더 잘하도록 동기 부여를 해 주는 사람입니다.

원격수업을 하는 교수자는 스스로 이렇게 질문해 볼 필요가 있습니다. "나는 권위적인 감시자인가, 관심 있는 독자인가?"라고요. 학생들이 제출한 과제나 게시판에 올린 토론 글을 읽고 룰에 기반해서 평가하기만 한다면 권위적인 감시자일 가능성이 높습니다. 반면, 관심 있는 독자는 글에 나타난 학습자의 의도와 성취에 관심을 두고 학습자 자체를 이해하여 그의 성장에 도움이 되는 피드백을 주고자 합니다. 원격수업에서 교수자의 피드백은 학생들이 중도에 포기하지 않고 끝까지 열심히 하게 하는 결정적 요인입니다. 즉, 학생들이 열심히 공부하게 하고 싶다면 교수자가 열심히 피드백을 해 주어야 한다는 뜻입니다.

피드백은 학생들의 원격수업 만족도를 결정하는 가장 큰 요인이라는 점에서도 중요합니다. 적절한 피드백은 추상적인 칭찬을 하는 것이 아니라, 학생 자신이 배우고 적용하고 수행한 성과에 대해 구체적으로 칭찬하는 것입니다. 학생이 적절한 피드백을 받으면 자신이 잘한 부분과 더 보완할 지점을 깨닫게 됩니다.

또한 교수자의 관심과 애정이 담겨 있는 따뜻한 피드백은 교수자가 학생들의 발전에 진심으로 관심을 갖고 있다는 메시지를 줍니다. 그래서 교수자의 신뢰도를 높이고 교수자와 학습자 간의 라포 형성에 긍정적 영향을 미치지요. 이러니 피드백이 있는 수업에서 학생들의 만족도가 높은 것은 당연한 일입니다. 다음은 원격수업에서 효과적인 피드백을 주는 팁입니다.

1 피드백은 학기 초부터

피드백은 학기 초부터 해 줍니다. 최대한 일찍 시작할수록 좋습니다. 학기 초, 특히 학기가 시작한 후 첫 2주는 학생들과의 라포 형성을 최우선순

위에 놓아야 하는 시기입니다. 학기 초 피드백은 학생들과 라포를 형성하는 효과적인 방법입니다. 심지어 수업 첫날에 학생들이 한 자기소개부터 피드백을 주는 것도 좋습니다. 이때의 피드백은 학생에 대한 관심을 표현하고 상호작용을 하기 위한 것입니다.

② 피드백 약속을 정하고 지키기

학생들에게는 언제까지 과제를 제출하라고 엄격하게 요구하면서도, 정작 교수자 자신은 과제에 대한 피드백을 언제 줄지 알려 주지 않거나 알려 주더라도 지키지 않는 경우가 많습니다. 과제에 대한 피드백을 주기로 했다면 피드백 시점을 학생들과 공유하고 약속한 날까지 반드시 피드백을 줘야 합니다. 언제까지 피드백을 주겠다는 사전 약속이 없으면 학생들은 과제를 보낸 그 순간부터 피드백을 기다립니다. 따라서 피드백을 언제까지 주겠다는 약속을 해 놓는 것이 교수자의 업무 부담을 낮추고 학생들의 수업 만족도를 높이는 방법입니다.

연구자들은 과제를 제출한 뒤부터 피드백을 받기까지의 시간이 짧을수록 학생들의 성취도가 올라간다고 이야기합니다. 이처럼 피드백의 타이밍은 학습을 위해서도 중요합니다.

③ 질문에 대한 피드백은 즉각적으로

학생들은 수업을 들으면서 여러 의문이 생길 수 있습니다. 대면수업이라면 쉬는 시간에 교무실이나 연구실로 찾아가서 교수자에게 물어보면 됩니다. 그때그때 드는 질문들을 다음으로 미루지 않고 곧바로 물어보고 해소할 수 있는 것이지요.

그렇다면 교무실도 연구실도 없는 원격수업에서는 어떻게 해야 할까요? 원격수업에서는 교수자가 '월, 수, 금 오전 9시부터 오후 4시까지'처럼 나름의 시간을 정하고, 그 시간 중에는 상시대기하는available 것이 좋습니다. 교육에서는 보통 이것을 '상담 가능 시간'이라고 표현합니다. 학기 초에 수업 전반에 대해 안내할 때 무슨 요일 몇 시부터 몇 시까지가 상담 가능 시간인지 명시하고, 그 시간에 들어오는 질문에 대해서는 최대한 바로바로 답을 해 주도록 합니다.

④ 구체적인 피드백하기

피드백은 구체적이야 합니다. "참 잘했어요."는 칭찬이기는 하지만 학습자에게 도움이 되는 정보를 주지 못합니다. 피드백을 받고도 무엇을 잘했는지 알 수 없는 것이죠. "분발을 요합니다." 역시 마찬가지입니다. 예를 들어 피아노 레슨을 받는다고 가정해 봅시다. 선생님이 "잘 못했어요."라고 하면 어디가 부족한 것인지 알 수가 없습니다. 유능한 선생님은 어느 부분을 잘했고, 어느 부분을 고쳐야 하는지 구체적으로 피드백을 해 줍니다.

학습자에게 도움이 되는 구체적인 피드백을 주기 위해서는 우선 학생이 수행한 것을 유심히 보아야 합니다. 그리고 '잘했다/못했다' 또는 '맞았다/틀렸다'가 아니라, 어느 부분이 왜 좋고 어디를 어떻게 개선할 수 있을지 구체적으로 얘기해 주어야 합니다. 학생의 과제나 답안, 글을 꼼꼼하게 확인한 뒤, 생각의 오류를 수정하거나 생각을 확장하거나 새로운 생각을 하도록 도와줄 수 있는 구체적인 피드백을 해 주세요. 피드백을 줄 때에는 학습자가 상처받거나 포기하지 않도록 잘한 점과 고쳐야 할 점을 부드럽게 전달합니다.

5 서로 배우도록 도와주는 동료 피드백

피드백은 학생들끼리 서로 피드백을 주는 동료 피드백으로 할 수도 있습니다. 동료 피드백은 학생들이 서로의 과제나 토론 글을 보며 배우게 된다는 장점이 있습니다. 또한 자신의 과제나 글을 객관적 눈으로 볼 수 있게 해 주는 효과도 있지요. 동료 피드백은 사회적 학습을 촉진시키고 협력적 학습의 경험을 제공합니다.

 잠깐!
대형 강의에서도 피드백은 중요합니다

학생 수가 많은 대형 강의의 경우 개별적으로 피드백을 주기 어려울 수 있습니다. 이럴 때는 루브릭을 사용하거나 온라인 퀴즈 등을 통해 자동적인 피드백을 제공할 수 있습니다. 이런 피드백은 교수자의 에너지 소진을 덜어 줄 수는 있지만, 개별적으로 관심을 갖고 해 주는 피드백만큼 효과가 있지는 않습니다.

3강

신나는
실시간 수업
만들기

#상호작용적 수업   #거꾸로 교실   #아이스브레이킹   #모닝 미팅

교육의 핵심은 상호작용입니다. 녹화 강의로 하는 수업에서는 활발한 상호작용이 어렵습니다. 따라서 상호작용은 실시간 수업을 통해서 이루어져야 합니다. 하지만 실시간 수업을 한다고 상호작용이 저절로 이루어지는 것은 아닙니다. 게임 개발자가 게임 시나리오를 디자인하듯 교수자 역시 어느 부분에서 어떤 방식으로 상호작용이 이루어질지 미리 세밀하게 수업을 설계해야 합니다.

특별한 도구가 없어도 됩니다. 실시간 쌍방향 플랫폼에서 도란도란 이야기를 나누는 것부터 게임화된 상호작용, 온라인 툴을 이용한 상호작용 등 방법은 많습니다. 이 강에서는 실시간 수업에서 상호작용을 할 수 있는 방법을 알아보도록 하겠습니다.

01 실시간 수업의 핵심은 상호작용

교육의 핵심은 상호작용입니다. 그런데 인강과 같이 녹화된 영상을 제공하는 수업에서는 활발한 상호작용이 어렵습니다. 게시판 토론이나 과제를 통해 간헐적인 상호작용은 가능하지만, 시간차가 생기기 때문에 제한이 많고 다이내믹한 맛이 없지요.

활발한 상호작용은 실시간 수업으로만 이루어질 수 있습니다. 그런데이 귀한 실시간 수업의 시간을 일방적 강의의 형태로 운영하는 경우가 많습니다. 실시간 수업은 학습자에게 시간적 자율성을 허락하지 않는 수업입니다. 정해진 시간에 참여해야 하고, 끝날 때까지 밖에 나가거나 쉴 수 없으며, 다른 일을 할 수도 없습니다. 학습자에게 많은 부담이 되는 수업이죠.

그럼에도 실시간 수업을 해야 하는 이유는 활발하고 다이내믹한 상호 작용에 있습니다. 실시간 수업은 교수자-학생, 학생-학생 간에 상호작용을 할 수 있는 기회로 사용되어야 하는 것입니다. 학생들을 모아 놓고 일방적인 강의를 할 거라면 녹화된 비디오로 주는 것이 낫습니다. 녹화된 비디오 강의는 적어도 학습자에게 시간적 자율성을 주기 때문입니다. 따라서 실시간 수업을 하기로 했다면 학습자와 온라인에서 만나는 시간을 소중하게 생각하고 충분히 계획하여, 그 시간을 헛되이 쓰지 말아야 합니다.

특히 지금은 기술이 발달하여 원격수업에서도 대면수업에서의 상호작용을 어느 정도 구현할 수 있습니다. 쉽게 상호작용적 수업을 할 수 있는 기술이 있다면 교수자는 이런 기술들을 활용하는 것이 마땅합니다. 실시간 화상수업을 할 수 있는 가장 대표적인 플랫폼에는 줌, 구글 미트, 마이크로소프트 팀즈, 웹엑스 등이 있습니다.

실시간 수업의 핵심이 상호작용이라고 해서, 처음부터 끝까지 상호작용으로만 이루어져야 한다는 뜻은 아닙니다. 수업 내내 상호작용 위주로 진행할 수도 있고, 강의와 상호작용을 적절히 섞어서 진행할 수도 있습니다. 수업 모형에 대한 이야기는 '부록'에서 다시 다루도록 하고, 여기에서는 실시간 수업에서 할 수 있는 여러 상호작용적 활동들을 알아보도록 하겠습니다.

잠깐!
수업을 실시간 단체 채팅으로 하는 것은 바람직하지 않습니다.

실시간 화상수업 대신, 카카오톡 단체 채팅방이나 네이버밴드의 채팅 기능을 사용하여 실시간 채팅수업을 하기도 합니다. 그런데 학습자의 연령이 어리거나 인프라 문제로 화상수업이 어려운 경우를 제외하고는, 가능한 한 단체 채팅을 통한 수업은 피하기를 권합니다. 교수자 혼자 떠드는 일방적인 수업이 되기 쉽고, 학습 효율이 매우 낮아서 학습자의 시간을 낭비하는 꼴이 될 가능성이 높기 때문입니다.

02 카메라를 켤 수밖에 없는 수업 만들기

화상회의 플랫폼을 제공하는 미국 라이프사이즈Lifesize사의 최근 조사에 의하면, 참여자가 카메라를 켠 채로 실시간 회의를 할 때 멀티태스킹을 하지 않을 확률이 82%에 이른다고 합니다. 이를 수업 상황에 적용해 보면, 카메라가 켜져 있어서 화면에 자신의 모습이 나오면 수업에 집중할 가능성이 높다고 해석할 수 있습니다. 반대로, 카메라가 꺼져 있어서 사람들이 자신의 모습을 볼 수 없다면 수업 중에 다른 일을 할 가능성이 높다고 할 수 있겠지요.

그런데 참여자들은 카메라를 켜고 싶지 않아 하는 경향이 있습니다. 화상으로 커뮤니케이션하는 것이 직접 대면하여 커뮤니케이션하는 것보다 피로도가 높기 때문입니다. 화상 커뮤니케이션을 할 때 사람들은 카메라 앞에서 잘 보여야[perform] 한다는 압박과 지나친 시각적 관심을 받는 것에 대한 부담감을 더 많이 느낍니다. 비언어적 신호가 잘 전달되지 않아 더 집중해야 상대의 의도를 파악할 수 있기 때문에 인지적 부담도 더 크다고 합니다. 이러한 현상을 줌 피로Zoom fatigue라고 합니다.

그래서 이 책에서는 실시간 수업을 매일, 종일 하라고 권하지 않습니다. 그것은 원격수업의 본질을 저해하기 때문에도 바람직하지 않습니다. 그러나 가끔 하는 실시간 수업에서 카메라 사용은 필수입니다. 상호작용의 기본은 서로 얼굴을 보고 목소리를 듣는 데서 시작되기 때문입니다.

그럼 어떻게 해야 카메라를 켤 수밖에 없는 수업을 만들 수 있을까요?

우선 가장 쉬운 방법은 카메라를 켜야 출석을 인정해 준다는 조건을 사전에 명시하는 것입니다. 대학생이라면 강의계획서에, 초등학생이라면 안내사항에, 첫 수업을 시작하기 전에 반드시 '쓰인' 형태로 안내합니다. 카메라를 켜는 것을 성적에 반영하는 시스템을 만드는 것입니다.

하지만 이런 기계적이고 강압적인 전략만 사용한다면 학생들이 즐거운 마음으로 실시간 수업에 참여하기 어렵습니다. 참여자들이 카메라를 켜기 원하는 이유는 더 좋은 수업, 더 효과적인 수업을 하기 위한 것입니다. 그런데 출석 인정 조건이라는 외재적 동기를 통해 강압적으로 카메라를 켜게 한다면, 학생들은 카메라를 켜더라도 불쾌하고 불편한 마음으로 수업에 임하게 될 것입니다. 이는 교수자와 학생들 간의 라포 형성 및 이후 학습 활동에 부정적 영향을 미칩니다. 결과적으로 교수자가 궁극적으로 원하는 좋은 수업, 효과적인 수업으로부터 멀어지게 될 수 있지요.

따라서 이러한 수업 시스템이 교수자의 주 전략이 되면 안 됩니다. 그렇다면 교수자의 주 전략은 무엇이 되어야 할까요? 바로 상호작용이 풍부한 즐겁고 의미 있는 수업을 설계하는 것입니다. 여기에서는 실시간 수업에서의 카메라 사용과 관련된 팁을 간단히 소개합니다.

더 알아보기 ◀ 줌 피로

줌 피로는 화상으로 사람들과 연결될 때 느끼는 피로와 스트레스를 뜻합니다. 장시간 주의집중을 해야 하는 부담감, 비언어적 신호의 부족으로 인한 인지적 피로감, 참여하는 모습을 계속 보여 주어야 한다는 압박감, 지나친 시각적 관심에 대한 긴장감 등이 원인입니다. 또한 실시간 화상 커뮤니케이션은 가족이나 반려동물, 전화벨 등 방해 요인이 많아 회의 내내 예민해지게 됩니다. 오랜만에 만난 친구와 비공식적인 대화를 할 수 없어서 사회적 어려움이 가중되기도 합니다.

전문가들은 줌 피로를 최소화하려면 신체적·심리적으로 편안한 장소를 택하고, 멀티태스킹을 피하며, 쉬는 시간을 가지라고 권합니다.

1 교수자도 카메라 켜기

학생들은 수업 시작 5~10분 전부터 와서 기다리는 경우가 많습니다. 이 시간을 잘 활용해 보면 어떨까요? 교수자가 수업을 시작하기 5분 정도 전에 먼저 카메라를 켜고 학생들과 비공식적인 대화를 나눌 수 있습니다. 혹은 교수자가 카메라 앞에 앉지 않더라도 손으로 쓴 글, 인형, 그날 수업과 관련된 물건 등을 설치해 두고 수업 시작 전부터 학생들의 호기심을 자극할 수도 있습니다.

2 학기 초에 친해지는 시간 갖기

참여자가 서로 친하면 화면에 자신의 모습을 드러내는 것에 대한 부담감이 덜합니다. 그러므로 교수자는 학습자들이 서로 친밀해질 수 있는 활동을 구상하고, 이 활동을 위한 시간을 확보해야 합니다. 예를 들어 학기가 시작한 첫 2주에는 수업 시간 일부에 아이스브레이킹 활동 ▶▶p.135 을 넣어 학습자들에게 서로 친해질 수 있는 기회를 주는 것입니다. 그 이후에는 수업 시간 시작, 중간, 끝에 다양한 상호작용적 활동을 하여 학습 커뮤니티 내에 친밀감을 형성하기 위해 노력합니다.

3 상호작용적 수업으로 디자인하기

상호작용적 수업을 디자인하세요. 상호작용이 수업의 주요 활동으로 들어가면 참여자들은 카메라를 켤 수밖에 없습니다.

수업을 시작할 때마다 간단한 아이스브레이킹 활동을 하여 자연스럽게 카메라를 켜게 합니다. 수업 중간에는 두 손으로 O/X를 그리거나 종이에 답을 써서 맞히는 퀴즈를 할 수도 있고, 주변의 물건을 가져와서 보여 주는 활동을 할 수도 있습니다.

수업 내내 상호작용을 지속해야 한다는 부담을 가질 필요는 없습니다. 강의 위주의 수업이라도 간간이 질문을 하고 학생들의 대답을 들음으로써 상호작용적 수업을 할 수 있습니다.

④ 소그룹 활동을 활용하기

소그룹에서는 카메라를 켤 가능성이 더 높습니다. 대그룹 활동에 비해 화면 앞에 서는 심리적 부담이 적은 동시에, 수업에 적극적으로 참여할 필요성이 더 크게 느껴지기 때문입니다. 또한 소그룹 활동은 학습자끼리 친밀해지게 돕는 훌륭한 방법입니다.

소그룹 활동은 수업 중 어느 때 해도 좋지만, 수업이 시작하는 시점에 하면 학생들이 수업 초반부터 카메라를 켜게 됩니다. 수업을 시작할 때 5분 내로 할 수 있는 간단한 소그룹 활동을 설계하여 넣어 보세요. 학생들의 마음이 아이스브레이킹되고, 카메라를 켠 상태로 수업을 시작할 수 있습니다.

⑤ 실시간 수업과 비실시간 수업의 균형 맞추기

종일 실시간 수업을 하며 카메라를 켜 놓게 하는 것은 좋지 않습니다. 카메라 앞에 7~8시간씩 앉아 있어야 하는 것은 학습자에게도 교수자에게도 지나친 심적, 정신적, 육체적 부담이 됩니다. 따라서 교수자는 실시간 수업과 비실시간 수업의 균형을 맞추는 것이 좋습니다. 이때 실시간 수업은 전체 수업 시간의 절반 이하로 하는 것이 적절합니다.

더 알아보기 ◀ 줌에서 가상 배경 설정하기

간혹 피치 못할 사정으로 카메라를 켤 수 없는 학생들이 있습니다. 가정의 물리적 환경을 드러내고 싶지 않다거나, 보이고 싶지 않은 장애가 있다거나, 우리나라에서는 드물지만 무슬림 학생들이 히잡을 쓰지 않은 모습을 숨기고자 하는 등 이유는 다양할 수 있습니다.

교수자는 카메라를 켜기 어려운 학생이 있다면 미리 말해 달라고 사전에 공지하는 것이 좋습니다. 또한 학기 초에 학생들에게 가상 배경을 설정할 수 있는 옵션을 안내해 주세요. 줌에서 가상 배경을 설정하는 방법은 다음과 같습니다.

<u>**01**</u> 줌 화상회의를 시작한 후 하단 메뉴에 있는 비디오 아이콘 옆 버튼을 클릭합니다. 그림과 같이 작은 메뉴가 나오면 '가상 배경 선택'을 클릭합니다. (※ 컴퓨터 사양이 낮으면 이 기능이 활성화되지 않을 수 있습니다.)

<u>**02**</u> 그러면 다음과 같은 설정 창이 뜹니다. 여러 가상 배경 중 마음에 드는 배경을 선택합니다. 오른쪽 중간 즈음에 있는 ⊞ 모양의 아이콘을 클릭하면 나만의 배경을 추가할 수도 있습니다.

03 먼저 아이스브레이킹으로 친해지자

아이스브레이킹은 낯설고 서로 잘 모르는 학생들과 선생님이 친해지는 것이 목적인 활동입니다. 처음 만나는 사람들 사이에 존재하는 눈에 보이지 않는 얼음을 깨어 따뜻한 관계를 만드는 것이지요.

학습자들이 서로 친해지는 것은 학습에서 매우 중요한 요소입니다. 학습자들이 친할 때의 학습 효과와 어색할 때의 학습 효과에는 큰 차이가 있습니다. 그 이유는 당연히 상호작용 때문입니다. 서로 친밀한 학습자들은 자유롭게 토론하고 상호 협력하여 더 깊이 있게 학습하고 더 많이 발전합니다. 반면, 서로 서먹한 학습자들은 그만큼의 학습 효과를 경험하지 못합니다. 경직되고 긴장한 정서 상태에서 학습하다 보니 스트레스가 높아져 효율이 낮아지고 기억할 수 있는 정보의 양도 적어지게 됩니다.

그래서 아이스브레이킹 활동은 중요하고, 특히 학습자들이 친해지기 어려운 온라인수업에서는 더욱 중요합니다. 학습자들이 서로 친하면 카메라와 마이크를 켜 놓는 것도 훨씬 덜 부담스럽습니다. 또한 학생들의 적극적인 참여가 중요한 실시간 수업에서 학생들 간의 친밀도는 수업의 질을 결정짓는 중요한 요소로 작용합니다. 그러면 이제 실시간 화상수업에서 할 수 있는 아이스브레이킹에는 어떤 것이 있는지 알아볼까요?

① 출석 부를 때 자신이 좋아하는 것으로 대답하기

출석을 부를 때 학생들이 "네."라고 대답하는 대신, 그날 정한 주제로 대답하는 방법입니다. 예를 들면 출석을 부르기 전 교수자가 "오늘은 자신이 가장 좋아하는 음식으로 대답합니다."라고

하면, 학생들은 자신의 이름이 불렸을 때 "치킨", "김치볶음밥" 등으로 대답하는 것입니다. 이 방법은 학기 내내 할 수 있다는 장점이 있으며, 학생들의 문화에 대해 조금 더 알 수 있는 좋은 기회가 되기도 합니다.

실시간 화상수업에서는 참여자 목록이 보이기 때문에 사실 출석을 부를 필요가 없습니다. 하지만 학생들의 이름을 부르고 얼굴을 보는 것 자체가 상호작용이고, 학생들끼리 서로 이름을 알고 얼굴을 익히는 것도 중요합니다. 원격수업에서는 이러한 작은 상호작용 기회를 소중히 여기고 최대한 활용하는 것을 추천합니다.

(주제 아이디어) 좋아하는 음식/연예인/색깔/스포츠/음악/가수/캐릭터/게

임, 감명 깊게 읽은 책/영화, 자신의 취미/특기, 선생님/친구들에게 하고 싶은 말, 반려동물의 이름

② "~한 사람?"에 손 들기

학기 초에 수업을 시작하면서 한두 번 해 볼 수 있는 아이스브레이킹 활동입니다. 교수자가 전체 학생을 대상으로 "~한 사람?"이라고 질문하면, 여기에 해당하는 학생이 손을 들거나 미리 준비한 카드를 들어 보입니다. 각자 손을 든 횟수를 세어 가장 많이 손을 든 사람에게 박수를 쳐 주는 등 간단한 사회적 보상을 합니다.

> **질문 아이디어 • 성인** 배낭여행 가 본 사람? 극장에서 영화 두 편을 연속해서 본 적 있는 사람? 밤을 새워 게임을 해 본 사람? 커피를 안 마시는 사람? 요리를 좋아하는 사람? 블로그를 운영하는 사람? 파워블로거인 사람? 북클럽을 해 본 사람? 운전면허가 있는 사람?

> **질문 아이디어 • 아동** 요리를 해 본 사람? 매운 음식을 좋아하는 사람? 유튜버인 사람? 반려동물이 있는 사람? 책 읽기를 좋아하는 사람? 동생이 있는 사람?

③ 생일 순서 알아맞히기

학생들이 서로 생일을 모르는 상태에서 자신의 생일이 반에서 몇 번째로 빠를지 예측해 보고, 이를 종이에 써서 동시에 보여 주는 게임입니다. 생일 순서를 따질 때 태어난 연도는 고려하지 않으며, 종이를 공개하기 전까지는 모든 학생이 마이크를 음소거하는 것이 좋습니다. 예를 들어 반전체 학생 수가 20명이고 생일이 6월 초인 학생은 자신의 생일이 반에서

아홉 번째 정도로 빠를 것이라 예상하고 종이에 '9'를 쓸 수 있습니다. 모든 학생이 다 쓰고 나면 "하나, 둘, 셋!"에 맞춰 동시에 숫자를 쓴 종이를 화면에 보여 줍니다. 그런 후 각자 자신의 생일을 말하고 순서를 얼마나 잘 맞혔는지 확인해 봅니다.

 특별한 복장으로 수업에 참여하기

대부분의 학생들이 가정에서 접속하는 경우에는 평소와 다른 특별한 차림으로 수업에 참여함으로써 즐거운 시간을 만들어 볼 수 있습니다.

● 파자마 데이
모두 잠옷을 입고 수업에 참여합니다. 교수자도 함께 말이지요!

● 모자 데이
모두 모자를 쓰고 수업에 참여합니다. 아이스브레이킹의 효과를 극대화하고 싶다면 "어떤 모자든 괜찮지만 가장 특이한 모자를 쓴 학생에게는 작은 상을 주려고 해요."라고 미리 말해 두세요. 그러면 학생들이 각양각색의 모자를 준비해 올 것입니다. 친구들이 쓰고 있는 모자를 구경하고 가장 특이한 모자를 직접 뽑게 하면 더 즐거운 수업이 될 수 있습니다.

● 크레이지 헤어스타일 데이

지금껏 한 적 없는 특이한 머리 모양을 하고 수업에 참여합니다. 분수 모양으로 묶기, 삐죽삐죽하게 고정하기, 반짝이 달기, 가발 쓰기, 동물 귀 모양 머리띠 하기 등 자신의 헤어스타일을 창의적으로 꾸며 봅니다.

● 선글라스 데이/장갑 데이/짝짝이 양말 데이 등

파자마, 모자, 크레이지 헤어스타일이 부담스럽다면 비교적 가벼운 소품인 선글라스, 장갑, 양말 등을 활용해 보세요. 이러한 소품을 교육과정과 연계하여 의미를 부여하면 더 좋습니다. 예를 들어 모자는 '생각하는 모자', 장갑은 '남을 돕는 손', 짝짝이 양말은 '다양성의 즐거움'이 될 수 있습니다.

5 좋아하는 간식 먹기

각자 가장 좋아하는 간식을 가져와서 자신의 간식에 대해 간단히 소개한 후 먹으면서 수업에 참여하는 활동입니다. 음식을 함께 먹는 경험은 즐거울 뿐 아니라 참여자들이 서로 친밀감을 느끼게 하는 데 효과가 큽니다. 이는 대면수업에서도 마찬가지입니다. 수업 시간에 식음을 금지하는 교수자들도 있지만 반드시 그래야 하는 이유가 있는 것이 아니라면 한 번쯤 해 보면 즐거운 활동입니다.

6 반려동물 소개하기

요즘은 반려동물과 함께 사는 학생이 많습니다. 그런데 가정에서 수업에 참여하는 경우, 호기심 많은 반려동물이 자꾸만 카메라

앞으로 나와 난처해지곤 합니다. 그럴 때 반려동물을 멀리 밀어내기보다 앞으로 데려와 소개하도록 하면 어떨까요?

학생들이 각자 집에서 키우는 반려동물의 이름과 특징을 소개합니다. 반려동물이 없는 학생은 자신에게 의미 있는 인형이나 캐릭터, 아니면 식물이나 물건을 소개해도 좋습니다.

7 웃긴 표정 짓기

"하나, 둘, 셋!" 하면 모두 동시에 웃긴 표정을 짓거나 웃긴 포즈를 취합니다. 예를 들어, 두 눈을 아주 크게 뜨고 카메라 가까이 온다든지, 돼지코를 만든다든지, 혓바닥을 코끝에 댄다든지 해서 웃긴 얼굴을 만드는 것입니다. 학생 1명이 그 장면을 스크린샷으로 찍어 함께 공유합니다.

8 이름 부르며 투명한 공 던지기

아직 서로의 이름을 잘 모를 때 하기 좋은 활동입니다. 화상회의 플랫폼에서는 화면에 각 참여자의 이름이 뜹니다. 학생 1명이 그 이름들 중 하나를 부르면서 공을 던지는 시늉을 합니다. 그러면 이름이 불린 학생이 공을 받는 시늉을 하고, 다시 다른 학생의 이름을 부르면서 공을 던지는 시늉을 합니다. 이렇게 돌아가면서 한 사람씩 모두 공을 던지면 활동이 끝납니다.

9 클로즈업 사진 보고 알아맞히기

오른쪽 사진이 무엇으로 보이나요? 바로 코르크입니다. 코르크를 아주 가까이에서 찍은 클로즈업 사진이지요. 이 활동은 교수자 혹은 학생들이 자기 주변에 있는 물건의 클로즈업  사진을 보여 주고 다른 학생들이 이를 알아맞히는 활동입니다.

물건이 작으면 직접 카메라 앞에 가져가 보여 주어도 됩니다. 이 경우에는 카메라를 손가락으로 가린 채 물건을 카메라 바로 앞으로 가져간 뒤 손가락을 떼서 물건의 전체 모양을 보여 주지 않도록 합니다. 학생들이 어려워하면 힌트를 주거나 물건을 점차 뒤로 빼면서 조금씩 더 공개합니다.

더 알아보기 **파워포인트를 활용한 이미지 알아맞히기**

클로즈업 사진 대신, 파워포인트를 이용해 이미지의 일부분만 보여 주고 맞히게 할 수도 있습니다. 보이는 부분을 점차 넓혀가면서 힌트를 줍니다. 다음 그림을 참고하세요.

TIP

지금까지 소개한 ❶~❾의 활동은 학급 전체 학생을 대상으로 하기에 적절한 아이스브레이킹 활동입니다. 간단히 소개하거나 대답하는 활동 위주라 모든 학생이 참여해도 아주 많은 시간이 소요되지는 않습니다. 만약 학생 수가 더 적거나 소그룹 활동이 가능하다면 이어지는 ❿~⓮와 같이 더욱 다양한 활동을 해 볼 수 있습니다.

❿ 진진가 게임

진진가는 '진짜, 진짜, 가짜'의 줄임 말입니다. 각 참가자가 자신에 대해 세 개의 진술을 씁니다. 그중 두 개는 진실이어야 하고, 하나는 거짓이어야 합니다. 그런 후 다른 참가자들이 무엇이 거짓인지를 맞히는 게임입니다. 이 활동은 학생들이 각자 자기소개를 할 때나 교수자가 자신을 소개할 때 유용하게 사용할 수 있습니다. 소그룹으로도, 전체 학생을 대상으로도 진행할 수 있습니다.

> Q. 다음 중 나에 대한 설명이 아닌 것은 무엇일까요?
> 1. 나는 길에서 고양이를 주워 왔다.
> 2. 나는 아무도 모르게 유튜버로 활동하고 있다.
> 3. 내 방은 언제나 깨끗하다.

⓫ '가장 ~한 책' 이야기하기

각자 내 인생에서 '가장 ~한 책'을 소개합니다. 제목과 함께 책의 어떤 점이 가장 ~했는지 이야기합니다. 책을 가지고 있다면 표지를 보여 주어도 좋고, 온라인으로 책 표지를 찾아서 공유할 수도 있습니다. 특히 소개하고 싶은 구절이 있다면 이를 읽어 주거나 손 글씨로 써서 보여 주는 방법도 있습니다. 그 책이 나에게 왜 의미가 있는지 혹은 그 책을 왜 추천하는

지에 대해 이야기를 나눕니다.

주제 아이디어 가장 재미있었던 책, 가장 감동적이었던 책, 가장 어려웠던 책, 가장 의미 있었던 책, 가장 최근에 읽었던 책, 가장 추천하고 싶은 책, 공부에 가장 도움이 된 책, 자기 발전에 가장 도움이 된 책

12 지금 내 책상 보여 주기

지금 내가 사용하고 있는 책상의 모습을 실시간으로 찍어 보여 줍니다. 사진을 찍을 때는 위에서 수직으로 내려다보는 각도로 찍는 것이 좋습니다. 그리고 책상 위에 있는 물건 중 하나를 골라 그 물건에 대한 이야기나 떠오르는 생각을 다른 학생들과 나눕니다. 있는 그대로의 내 모습을 보여 주는 좋은 방법이자 서로에 대해 조금 더 깊이 알게 되는 기회가 됩니다.

13 한 단어 고르기

그날 수업 주제를 가장 잘 표현할 수 있는 단어 하나를 함께 고민하여 고르는 활동입니다. 예를 들어 오늘 수업 주제가 '연극'이라면 참가자들을 소그룹으로 나눈 뒤, 각 그룹에서 토론을 통해 '연극'을 가장 잘 표현할 수 있는 단어 하나를 정합니다. 그 후 다시 전체 학생이 모여 그룹별로 자기 그룹이 선정한 단어를 발표합니다.

14 공통점과 차이점 찾기

소그룹으로 팀을 나누어 그룹원의 공통점 세 가지와 각 그룹원만의 독특한 점 세 가지를 찾아 쓰게 합니다. 종이나 파워포인트에 써도 되고, 실시간 화상회의 플랫폼의 화이트보드 기능을 사용해도 좋습니다. 각 소그룹의 토의가 끝나면 전체 학생이 모여 소그룹별로 발표하며 그룹원들을 소개합니다.

잠깐!
아이스브레이킹에 교수자도 참여하자

아이스브레이킹은 학습자 간에도 필요하지만, 학습자와 교수자 사이에도 필요합니다. 다만 교수자가 모든 활동을 함께 할 필요는 없습니다. 교수자는 게임을 진행해야 하기 때문에 학생들과 모든 활동을 같이하는 것이 어차피 불가능합니다. 그렇다면 교수자가 아이스브레이킹에 참여하는 방법은 무엇일까요? 활동을 진행하면서 중간중간 적절한 멘트를 던지고, 함께 웃고, 함께 즐기는 것입니다. 함께 웃는 경험은 아이스브레이킹에서 추구하는 핵심적 경험입니다. 교수자는 게임을 진행하므로 한 발짝 떨어져 있게 되지만, 함께 웃고 즐거워하는 경험을 통해 교수자와 학습자 모두의 심리적 거리가 좁혀질 수 있습니다.

온라인수업 첫날 자기소개 활동

신입생을 온라인에서 처음 만나면 학생도 교수자도 다소 쑥스럽지요. 그래서 저는 첫 시간 오리엔테이션을 위해 '아이덴티티 자화상Identity Portrait'이라 불리는 활동을 하였습니다.

수업 전에 미리 구글 클래스룸을 통해 학생들에게 뼈대만 있는 '졸라맨stick figure' 파일을 주고, 재료나 방법에 구애받지 않고 자신에 대해 소개하고 싶은 것을 마음껏 표현하도록 했습니다. 그리고 각자 자신이 만든 아이덴티티 자화상을 스캔 혹은 사진 파일로 만들어 준비하게 했습니다.

서로 얼굴도 모르고, 어딘지 부산스러운 첫 온라인수업 시간! 아이덴티티 자화상을 활용한 오리엔테이션은 성공적이었습니다. 일반적으로 하는 것처럼 이름, 전공, 수강 이유를 말로 설명하는 것보다, 자신을 표현한 이미지를 보여 주며 소개하니 훨씬 직관적으로 소통이 되었습니다.

학생들은 자신만의 다양한 개성과 생각을 자화상에 효과적으로 표현하였습니다. 무엇보다 자기소개 시간에 에너지와 웃음이 넘쳐 자연스럽게 친밀감이 형성되었습니다. 이 활동은 온라인 환경뿐 아니라 오프라인 환경에서도 서로 라포를 형성할 수 있는 간단하면서도 의미 있는 활동입니다.

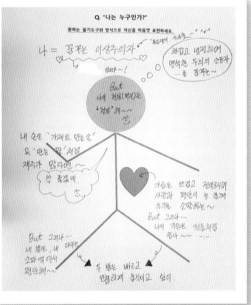

게임도 할 수 있다

게임은 재미있습니다. 그래서 게임은 학습자의 참여와 몰입도를 높이는 좋은 방법입니다. 그런데 대면수업에서야 직접 게임을 하면 되지만, 실시간 수업에서는 어떻게 할 수 있을까요? 실시간 수업에서는 화상회의 플랫폼을 통해 원격으로 게임을 할 수 있습니다. 평범한 학습 활동을 게임화 하는 가장 간단한 방법은 다음과 같습니다.

> ▶ 흥미로운 과제를 준다.
> ▶ 과제를 완성하면 보상을 준다.
> ▶ 협력이나 경쟁을 하게 한다.

이렇게 게임 요소를 적용하기만 하면 수업의 여러 활동을 게임화 할 수 있습니다. 원격으로 할 수 있는 몇 가지 게임 아이디어를 소개합니다.

1 보물찾기

선생님이 일상의 물건 한 가지를 말하고, 이를 가장 먼저 찾아오는 사람이 이기는 게임입니다. 예를 들어 선생님이 "숟가락을 찾아오세요."라고 하면 모든 학생이 일어나서 숟가락을 찾아옵니다. 가장 먼저 가져와서 화면에 비추는 사람이 점수를 받거나 이기는 게임입니다.

이 게임은 학습 내용에 적용하기에도 용이합니다. 예를 들어 수학 교과라면 특정 도형 모양의 물건, '3×3 = ?'이라는 문제의 답이 쓰여 있는 물건, 무게가 1kg 정도인 물건 등을 찾아오게 합니다. 과학 교과라면 나무로 된 물건, 쇠로 된 물건, 움직이는 물건 등을 가져오게 할 수 있습니다.

> **일상생활의 물건 아이디어** 과자, 과일, 물 한 컵, 인형, 양말 한 짝, 안경, 리모컨, 주걱, 수저, 색종이, 가위, 가방, 책, 얼음, 칫솔, 동전, 빨대
> **학습 관련 물건 아이디어** 특정 도형, 숫자, 무게, 재질, 크기, 온도, 사람, 시대, 음식, 사건 관련 물건

② 선생님 가라사대

영어로는 'Simon Says'라고 불리는 게임입니다. 선생님이 "선생님 가라사대"라고 했을 때는 따라 하고, 그 말을 하지 않았을 때는 따라 하지 말아야 합니다. 예를 들어 선생님이 "선생님 가라사대"라고 말한 후 두 손을 머리에 올리는 동작을 합니다. 학생들은 그 동작을 따라 합니다. 다음으로 선생님이 "선생님 가라사대"라고 하면서 오른쪽 검지를 코끝에 갖다 댑니다. 학생들은 그 동작을 따라합니다. 그다음에는 선생님이 아무 말 없이 두 손으로 양쪽 귀를 잡습니다. 이때는 학생들이 따라 하면 안 됩니다. 만약 따라 한 학생이 있다면 그 학생은 아웃이 되거나 벌칙을 받습니다.

> **학습 관련 문제 아이디어** (선생님 가라사대) "두 팔을 이용해 직선을 표현해 보세요.", "손가락으로 2×4를 표현해 보세요.", "1+1이 짝수면 박수를 치세요."

③ '시장에 가면~' 동작 놀이

'시장에 가면~'으로 시작하는 게임을 아시나요? 이 게임은 학생 중 1명이 "시장에 가면 고등어도 있고"라고 시작하면, 그다음 학생이 이를 받아 "시장에 가면 고등어도 있고, 수박도 있고"라고 말하고, 또 그다음 학생이 "시장에 가면 고등어도 있고, 수박도 있고, 호박도 있고"라고 말하는 방식으로 진행됩니다. 순서대로 새로운 아이템을 붙이면서 이어 나가는, 일종의 메모리 게임이지요.

이 '시장에 가면~' 게임을 말로 할 수도 있지만 동작으로 할 수도 있습니다. 첫 학생이 하나의 동작을 합니다(예 손뼉 세 번 치기). 그러면 다음 학생이 앞 사람의 동작을 한 후 자신만의 동작을 하나 더 이어 붙입니다(예 손뼉 세 번 치기 → 도리도리 두 번 하기). 그리고 다음 학생이 그 뒤에 자신만의 동작을 붙입니다(예 손뼉 세 번 치기 → 도리도리 두 번 하기 → 손으로 토끼 귀를 만들고 두 번 뛰기). 앞의 동작을 기억하지 못하거나 순서를 틀리면 아웃됩니다. 끝까지 남은 사람들에게 박수를 쳐 줍니다.

④ 이야기 이어 나가기

모든 참여자들이 마이크를 음소거합니다. 그 상태에서 선생님이 먼저 이야기를 시작합니다. 예를 들어 "옛날 옛날에 송아지 한 마리가 살았습니다. 송아지는 날마다 구름을 보며 꿈을 꾸었습니다. 나도 언젠가는 저 구름이 가는 그곳에 가 볼 테야."라고 이야기를 시작한 후, 다른 학생을 지명합니다. 그러면 지명된 학생이 마이크를 켜고 이야기를 이어 나갑니다. 이야기는 2~5개 정도의 문장으로 만드는 것이 좋습니다. 모든 사람이 한 번씩 말을 했으면 마지막 학생이 이야기를 마무리 짓습니다.

5 이미지로 이야기 만들기

앞서 설명한 '이야기 이어 나가기'를 말이 아닌 이미지로 한다고 생각하시면 됩니다. 이 활동은 패들렛을 이용하면 더 수월하게 할 수 있습니다. 교수자가 수업 전 패들렛에 학생 수만큼 사진을 포스팅합니다. 사진은 저작권 문제가 없는 이미지를 다운로드하여 사용하면 됩니다. 그 후 학생들이 패들렛에 동시에 접속하여 그 사진들을 한 장씩 나열하며 이야기를 만들어 갑니다. 교수자는 패들렛에서 학생들이 이야기를 만드는 과정을 실시간으로 확인할 수 있습니다.

예시 **패들렛을 활용하여 이미지로 이야기 만들기**

> **TIP**
>
> **무료 이미지 사이트** │ 저작권이 자유로운 이미지를 무료로 제공하는 사이트가 많습니다. 대표적으로 언스플래시Unsplash, 픽사베이Pixabay, 펙셀스Pexels 등이 있습니다.
>
>
>
> 언스플래시　　　　　픽사베이　　　　　펙셀스
> unsplash.com　　　　pixabay.com　　　　pexels.com

6 즐겁게 춤을 추다가 그대로 멈춰라!

오프라인에서 하던 게임을 온라인에서도 그대로 할 수 있습니다. 교수자가 신나는 음악을 틀면 학생들이 모두 함께 자리에서 일어나 춤을 추거나 자유롭게 몸을 움직입니다. 그러다가 음악을 끄면 모두 멈춥니다. 이때 가장 늦게 멈춘 사람이 아웃됩니  다. 이렇게 음악을 켜고 끄기를 반복하며 노래가 끝날 때까지 게임을 합니다. 마지막까지 살아남은 사람들에게는 박수를 쳐 줍니다. 직접 일어나 몸을 움직이는 게임은 어린 학생들의 참여도를 높이는 데 특히 유용합니다.

7 몸짓 보고 알아맞히기

각 참여자가 머릿속으로 동물을 하나씩 생각합니다. 자기 차례가 되면 말을 하지 않고 행동만으로 그 동물을 묘사하고, 다른 참여자들이 무슨 동물인지 알아맞히는 게임입니다. 동물 외에 동작, 직업, 학교와 관련된 물건, 영화나 만화 캐릭터 등 다른 주제로도 할 수 있습니다.

8 앉았다 일어서기 놀이

원격수업에서는 앉아 있어야 하는 시간이 매우 깁니다. 그래서 일어서거나 돌아다닐 수 있는 게임화된 학습 활동을 하면 좋습니다. 이 게임은 '선생님 가라사대'와 비슷한데, 선생님 가라사대 대신 앉거나 서라는 지시에 따르기만 하는 게임입니다.

이때 지시를 학습 내용과 관련된 퀴즈로 제시할 수도 있습니다. 예를 들면 "고조선을 세운 사람이 단군왕검이 맞으면 일어서세요.", "10-5가 3'이 맞으면 일어서서 한 바퀴 도세요.", "오늘 날짜만큼 앉았다 일어섰다를 반복하세요."와 같은 문제를 내는 것입니다. 이 게임은 어린아이들부터 성인들까지 모두에게 호응이 좋습니다.

⑨ ASMR 소리로 알아맞히기

모든 학생들이 화면을 끕니다. 그리고 문제를 내는 학생만 마이크를 켠 채 과자나 간식을 먹습니다. 다른 친구들은 소리를 듣고 무슨 과자나 간식을 먹고 있는지 알아맞히면 됩니다. 문제를 내는 학생이 화면을 빠르게 켰다 꺼서 먹고 있는 것을 잠깐 보여 주는 방식으로 힌트를 줄 수 있습니다.

⑩ 그림 그려 알아맞히기

개인 메신저나 SNS 쪽지로 한 학생에게 제시어를 말해 줍니다. 제시어를 받은 학생은 화이트보드에 이 단어를 그림으로 그려 설명합니다. 다른 학생들은 그림을 보고 채팅창에서 제시어가 무엇인지 맞힙니다. 답을 맞힌 학생이 다음 문제를 내며 릴레이로 게임을 이어 갑니다.

05 다양한 상호작용 놀이

여기서는 전통적인 게임보다는, 서로 대화하고 협력하면서 상호작용할 수 있는 놀이를 소개합니다. 게임을 연구하는 학자들은 승패를 따지지 않는, 그저 함께 하는 것에 의미를 두는 놀이도 게임의 일종으로 보곤 합니다.

1 장난감 놀이

인형이나 장난감 등의 소품을 카메라 앞으로 가져와서 다른 사람들과 함께 놀이를 하는 활동입니다. 유아들은 그렇다 쳐도, 대학생을 대상으로 하는 수업에도 사용할 수 있냐고요? 물론입니다! 수업은 재미있어야 기억에 오래 남습니다. 재미도 일종의 경험이기 때문입니다.

그날 학습할 내용에 따라 간단하게 장난감을 활용할 수 있습니다. 수업 주제와 관련이 있는 소품을 가져와 즉석에서 연기나 연극을 할 수도 있고, 다른 사람과 대화를 주고받으며 놀이나 게임을 할 수도 있습니다. 인형, 소꿉놀이, 모형 자동차, 퍼즐 등 다양한 소품을 활용할 수 있습니다.

② 만들기

각자 재료를 준비하여 함께 만들기를 해 볼 수 있습니다. 색종이, 점토, 수수깡 등 어떤 재료든 괜찮습니다. 무엇을 만들지는 각자 자유롭게 구상해도 좋고, 선생님이 주제를 정해 주어도 좋습니다. 수업 목적에 맞게만 하면 됩니다. 심지어 간단한 요리를 할 수도 있습니다. 만들기를 하는 동안 음악을 틀어 주면 학생들이 더 즐겁게 참여하곤 합니다.

교육적 효과를 극대화하기 위해 만들기가 끝난 후 디브리핑debriefing 시간을 갖도록 합니다. 디브리핑이란 수업을 돌아보며 자신의 학습을 스스로 평가하는 시간입니다. 무엇을, 어떻게, 왜 만들었는지, 어떤 내용을 배웠는지, 다음에 한다면 어떻게 더 잘할 수 있을지 등에 대하여 이야기합니다.

③ 장기자랑

온라인으로 간단한 장기자랑을 할 수도 있습니다. 카메라 앞에서 해야 하므로 제한이 많지만, 그 제한이 오히려 장기자랑을 더 특별하고 재미있는 시간으로 만듭니다.

장기는 노래나 춤에만 국한되지 않습니다. 그림 그리기, 마술쇼, 스피치, 악기 연주, 종이접기, 시 낭독, 드라마틱하게 책 읽어 주기, 랩, 비트박스, 훌라후프, 인형극, 줄넘기, 그림자쇼, 태권도, 요요, 루빅스큐브, 휘파람 불기 등 가볍게 할 수 있는 장기는 무엇이나 좋습니다.

이 활동을 할 때는 전체 시간이 30분을 넘지 않도록 1인당 제한 시간을 정해 주는 것이 중요합니다. 장기자랑을 할 것이라고 사전에 공지하여 학생들이 준비해 오도록 하는 것도 잊지 마세요.

4 서로 초상화 그려 주기

화상으로 서로 얼굴을 보며 초상화를 그려 주는 경험도 해 볼 수 있습니다. 이 활동을 할 때는 모든 학생이 자신의 초상화를 받을 수 있도록 짝을 잘 연결해 주어야 합니다.

또한 전체 학생이 함께 화상회의를 하며 초상화를 그리면, 개별 학생의 화면이 너무 작아서 얼굴을 보기 어렵습니다. 따라서 2~4명이 한 조로 소그룹방을 개설하고 그 안에서 상대를 정하여 초상화를 그리게 하는 것이 좋습니다. 소그룹방에서는 초상화를 그리며 담소를 나눌 수 있어 서로 더 친밀해지는 좋은 기회가 되기도 합니다.

초상화를 그리는 시간은 15분 이내로 하는 것이 좋습니다. 학생들이 완성된 초상화를 카메라 앞에 대고 보여 주고 다른 친구들의 초상화도 감상하는 시간을 꼭 가지도록 합니다.

5 함께 운동하기

함께 운동하기처럼 자리에서 일어나서 움직이는 활동은 수업에 활력을 줍니다.

운동은 너무 어렵지 않아야 하며, 음악을 틀어 놓으면 더 많은 동기 부여가 될 수 있습니다. 학생 중 1명이나 교사가 리드하면서 모든 학생이 같은 운동을 할 수도 있  고, 음악에 맞춰서 각자 운동을 하는 방법도 있습니다. 혹은 유튜브에서 운동하는 영상을 공유하여 같이 보면서 운동할 수도 있습니다. 수업의 시작이나 마무리 활동으로 활용하기 좋습니다.

⑥ 서로 책 읽어 주기

여러 연구들에서는 책을 소리 내어 읽어 주는 것이 어린아이들뿐 아니라 중학생 수준의 학생들에게도 유익하다는 사실을 입증하고 있습니다. 특히 함께 책을 읽는 경험은 아이들의 정서에도 긍정적인 영향을 줍니다. 서로 책 읽어 주기는 다음과 같은 방법으로 할 수 있습니다.

● 반 전체가 함께 읽기

학생 1명이 책을 읽어 주고, 다른 학생들은 모두 듣기만 합니다. 분량이 너무 많지 않아 한 번에 다 읽어 줄 수 있는 책이 좋습니다. 그림책이라면 책을 펼쳐 그림을 보여 주면서 읽어 줍니다.

● 소그룹으로 읽기

소그룹으로 나누어 각 그룹에서 1명이 책을 읽어 줍니다. 책은 그룹별로 사전에 논의하여 준비합니다. 각 그룹이 서로 다른 책을 읽어도 됩니다.

● 돌아가며 책 읽기

책의 분량에 따라 한 줄 또는 한 단락씩 돌아가며 읽습니다. 이 활동은 반 전체로도, 소그룹으로도 할 수 있습니다. 다만 모두 같은 책을 갖고 있어야 합니다. 또한 모든 학생에게 적어도 한 번은 읽을 기회를 주어야 합니다.

⑦ 함께 악기 연주하기

실시간으로 함께 악기를 연주하는 것은 상상만 해도 즐거운 일입니다. 그러나 막상 해 보려 하면 생각만큼 쉬운 일이 아니라는 것을 알게 될 것입니다. 우선 네트워크 속도 때문에 소리에 딜레이가 생깁니다. 또 실시간 화상회의 플랫폼에서는 한 사람이 말하면 다른 사람들의 소리가 일시적으로 소거되어 버립니다. 이 때문에 모든 참여자가 동시에 소리를 내고 조화시키기가 쉽지 않습니다. 그럼에도 불구하고 악기를 함께 연주하는 것은 즐거운 활동이기 때문에 시도해 볼 만한 가치가 있습니다.

소리에 딜레이가 심하다면 오케스트라와 같이 정밀한 합주를 하기보다는 타악기를 이용하여 신나게 두드리는 연주를 해 보세요. 프로그램에서 여러 명의 소리가 동시에 나오지 않는 문제는 설정을 변경하면 제한적으로 해결할 수 있기도 합니다. 줌의 설정을 변경하는 방법은 아래의 '더 알아보기'에서 확인해 보세요.

더 알아보기 ◀ 줌으로 합주하기

줌에서는 오디오의 고급 설정을 조금만 변경하면 합주를 위한 세팅을 할 수 있습니다.

__01__ 줌을 열고 로그인합니다. 로그인 후 나오는 첫 페이지에서 오른쪽 상단의 설정 아이콘(⚙)을 누릅니다.

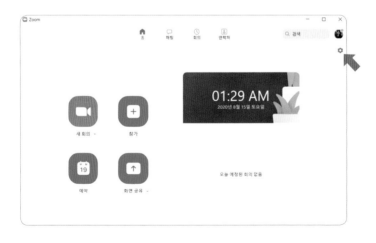

<u>**02**</u> 메뉴에서 '오디오'를 선택한 후 '고급' 버튼을 누릅니다.

<u>**03**</u> '회의 중 옵션 표시한 후 마이크로 "원음 사용 가능"'에 체크합니다. 그리고 '지속적인 배경 소음을 억제합니다'와 '간헐적인 배경 소음을 억제합니다' 모두를 '사용 안 함'으로 바꿉니다.

<u>**04**</u> 설정 창을 닫으면 새로운 마이크 세팅이 적용됩니다.

8 함께 색칠하기

온라인으로 함께 색칠 공부를 할 수 있다는 사실을 아시나요? 온라인에서 구할 수 있는 색칠용 라인아트 이미지를 내려받아 화상회의 플랫폼에서 공유한 후 함께 색칠을 할 수 있습니다. 이 활동은 수업 시작을 기다리면서 하는 간단한 놀이로도 사용할 수 있습니다.

예시 색칠용 라인아트 이미지

유아·특수교육과 줌 간담회

지금까지 저희 과에서는 학기 초부터 간담회, 엠티, 신입생 환영회 등 여러 학과 행사를 마련해 신입생들과 교수님들이 서로 가까워질 기회를 만들었습니다. 그런데 올해는 코로나로 인해 대면수업을 할 수 없어서 서로 얼굴도 보지 못한 채 한 학기가 지나가 버렸어요. 신입생인 1학년들이 교수님이나 선배님들과 한 번도 만나지 못하고 온라인으로 학교 커리큘럼만 따라가는 것이 너무 아쉬웠습니다.

그래서 조금 늦었지만, 줌으로 만나는 학과 행사를 기획하여 신입생들과 교수님들, 선배님들이 버추얼 환경에서 만나기로 했습니다. 행사는 간담회였지만 처음 학과 행사를 하는 신입생들을 위해 그동안 환영회에서 해 왔던 몇 가지 활동들도 함께 준비하였습니다.

환영회에서 빼놓을 수 없는 것이 자기소개이지요. 모두 돌아가면서 자기소개를 하기로 기획했습니다. 그런데 30여 명의 학생들이 연이어 소개를 하면 자칫 지루해질 수 있을 것 같았습니다. 그래서 중간중간 학과와 관련된 퀴즈 게임을 끼워 넣었습니다.

한편, 교수님 소개는 '진진가 게임'으로 했어요. 교수님에 대해 틀린 답을 하나씩 고르는 게임이었는데 무척 재미있었습니다. 교수님들의 인간적인 면모에 대해서도 알게 되어서 더욱 친근감이 느껴졌답니다.

간담회는 무척 성공적이었습니다. 처음 학과에 들어온 학생들과 교수님들이 서로 조금 더 잘 알게 되고, 학과에 대한 소속감과 학교에 대한 사랑이 깊어지는 계기가 되었습니다. 이러한 소속감과 공동체 의식이 생기니 이후 수업에도 활기가 돌았고, 학생들이 대학생으로서 새로운 아이덴티티를 형성하는 데에도 도움이 되었답니다.

06 모닝 미팅

모닝 미팅은 우리말로 번역하자면 '아침 만남' 혹은 '아침 활동' 정도가 되겠습니다. 모닝 미팅은 반응적 학급 경영Responsive Classroom이라는 교수 철학에서 나왔습니다. 학생들의 정서적·사회적 안녕이 학업 성취만큼 중요하다는 철학이지요. 모닝 미팅은 학습을 시작하기 전인 아침에 학생들을 정서적으로 안정시켜 주고, 그날의 학습이 효과적으로 이루어질 수 있도록 마음의 밭을 부드럽게 해 주는 역할을 합니다.

> **TIP**
>
> **반응적 학급 경영** | 반응적 학급 경영의 네 가지 핵심은 '참여적 학습', '긍정적 학급 분위기', '자율성과 책임감을 강조하는 학급 운영', 그리고 '발달 수준에 적합한 반응적 교수'입니다. 반응적 학급 경영에서는 학습자의 적극적 학습 참여를 위해 수업을 재미있게 설계하는 교수자의 교수력이 특히 강조됩니다. 여러 연구들에서는 반응적 학급 경영이 학습자의 학업 성취도를 높이고, 학교 분위기를 긍정적으로 만들며, 교수자의 교수력을 향상시킨다는 것을 입증하고 있습니다.

모닝 미팅은 학생들이 모두 등교하여 본격적으로 하루를 시작하기 전 선생님과 학생들이 하루를 시작하는 즐거운 활동입니다. 우리나라에서는 학생들이 아침에 등교하면 조용히 책을 읽거나 자기 공부를 하지요. 그런데 모닝 미팅을 하면 그 시간을 사회적 상호작용과 라포 형성에 사용할 수 있습니다.

greeting
sharing
activity
message

모닝 미팅의 네 가지 요소

모닝 미팅은 크게 네 가지 요소로 구성됩니다. ① 인사를 하고, ② 돌아가며 자기의 이야기를 하고, ③ 모두 함께 즐거운 놀이 한 가지를 하고, ④ 그날의 일과와 선생님의 기대를 학생들에게 이야기해 주는 것이 골자입니다. 그럼 하나하나 조금 더 자세히 살펴보겠습니다.

▶ **인사**greeting : 서로 인사를 합니다. 인사는 상호 간 신뢰를 쌓는 데 중요합니다.

▶ **나누기**sharing : 선생님이 제시한 주제에 대한 생각이나 의견을 짝 또는 반 전체 학생들과 나눕니다. 발표하는 학생 외에 다른 학생들은 경청하면서 질문하거나 호응해 줍니다.

▶ **그룹 활동**activity : 모두 다 같이 간단한 게임, 노래, 챈트, 암송, 시 낭독 등을 합니다. 전체 학생이 한 마음으로 할 수 있는 가볍고 즐거운 활동이 좋습니다.

▶ **메시지**message : 선생님이 학생들에게 오늘 무엇을 할 것이고, 그 과정에서 학생들에게 어떠한 기대를 갖고 있는지 이야기합니다. 메시지의 예로는 "오늘은 수학에서 곱셈을 해 볼 거예요. 여러분이 열심히 하길 기대합니다." 혹은 "오늘

은 체육 시간에 릴레이를 할 거예요. 여러분이 서로 잘 협력하길 기대합니다."

등이 될 수 있습니다.

이렇게 모닝 미팅을 하면 학생들이 서로 친해진 상태에서 즐겁고 따뜻한 마음으로 하루를 시작하고, 학급에 소속감을 느끼게 됩니다. 그러면서 교실에 공동체적 분위기가 형성되지요. 이는 사회적 학습이 원활히 일어나게 하기 위한 좋은 텃밭이 됩니다.

친구들과 신뢰가 쌓이면 학생들은 수업에 더 즐겁게 참여합니다. 학생의 참여는 교과 학습에도 긍정적인 영향을 미칩니다. 좀 더 직접적으로는 '그룹 활동'에서 지난 시간에 배운 것을 연습하여 실제적인 학습을 도울수도 있습니다. 또한 교사가 학생에 대한 기대를 전하는 '메시지'는 학습에 동기를 부여하여 깊이 있는 학습을 촉진합니다.

모닝 미팅은 원래 대면수업에서 사용해 온 방법이지만 상호작용이 적은 원격수업에서는 더욱 유용하게 활용될 수 있습니다. 모닝 미팅 시간은 20~30분이 적합합니다. 학생의 연령이 어릴수록 '선생님이 말할 때 말하지 않기', '말하고 싶을 때 손 들고 말하기', '시간 맞춰 오기', '거실 등 공적인 장소에서 접속하기' 등의 기본 룰을 명시해 주는 것이 좋습니다.

이번 기회에 거꾸로 교실

'거꾸로 교실flipped classroom' 또는 '플립드 러닝flipped learning'이라는 단어를 여기저기에서 많이 들어 보셨을 것입니다. 거꾸로 교실이란 전통적인 수업을 '뒤집은flip' 수업 방법입니다. 일단 전통적인 수업을 생각해 볼까요? 전통적인 수업에서는 학생들이 학교에 와서 교수자의 강의를 듣고, 수업이 끝나고 집에 가서 숙제를 합니다.

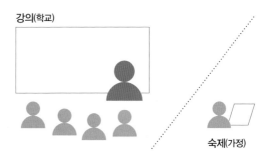

전통적인 수업

　강의는 교수자가 중심이 되는 활동입니다. 강의에서 교수자는 '지식을 나누어 주는' 사람입니다. 학생들은 그저 교수자가 일방적으로 하는 설명을 듣고, 교수자가 보여 주는 책을 읽고, 교수자가 내는 문제를 풉니다.

　반면, 숙제는 학생 스스로 내용을 실험하고 적용해 보는 학생 중심적인 활동입니다. 전통적인 수업에서는 숙제를 집에 가서 해 옵니다. 학생 중심적인 활동을 학교가 아닌 집에서 혼자 하는 것이죠.

그런데 거꾸로 교실에서는 강의를 듣거나 교과서를 읽는 활동을 학교에 오기 전에 집에서 먼저 합니다. 예습과 비슷한 개념입니다. 그리고 학교에 와서는 친구들과 상호작용하고 다양한 경험을 해 보는 학생 중심적 활동을 합니다.

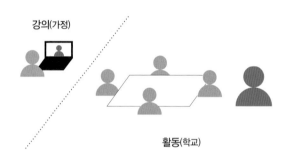

강의(가정)

활동(학교)

거꾸로 교실

이렇게 하면 교수자의 역할이 '지식을 먹여 주는 사람'에서 '지식 습득을 돕는 사람'으로 바뀌게 됩니다. 이 책의 앞부분에서 설명한 현대적 교육 모델 ▶▶p.033 과 완전히 일치하는 모습이지요. 이것이 바로 비고츠키가 주장한 이상적 교육의 모습입니다.

그럼 집과 교실이 분리되지 않는 원격수업에서는 거꾸로 교실을 어떻게 디자인할 수 있을까요? 막연히 생각하면 어렵게 느껴지지만, 놀랍게도 원격수업에서는 거꾸로 교실을 구현하기가 더 쉽습니다. 거꾸로 교실 원격수업은 2강에서 설명한 '핵심 개념은 강의로, 관련 지식은 과제로' ▶▶p.090 와 같은 패턴을 갖고 있습니다. 우선 학생들이 집에서 각자 녹화 강의나 책을 보고 핵심 개념을 학습합니다. 그리고 나서 실시간 수업에서 다른 친구들과 만나 상호작용하면서 스스로 탐구하는 학습 활동을 하면 됩니다.

다음 예시는 원격수업에서 흔히 하는 인강식 수업을 거꾸로 교실 수업으로 전환해 본 것입니다.

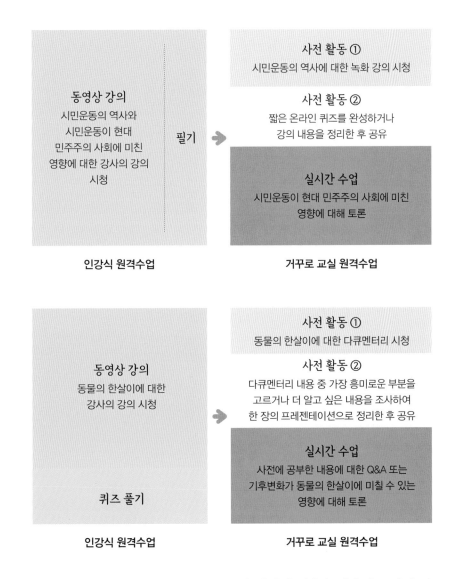

거꾸로 교실에서는 학생들이 반드시 사전에 내용을 학습하고 와야 합

니다. 그래야 실시간 수업을 할 때 교수자가 강의를 하지 않고 학생들이 토론을 할 수 있습니다. 학습자가 스스로 찾고 연구하며 지식을 생산해 내는, 다시 말해 깊이 있는 학습이 일어나는 그런 수업이 거꾸로 교실의 특징입니다. 원격수업에서 거꾸로 교실을 운영하는 팁은 다음과 같습니다.

1 교사가 갖는 기대 명시하기

거꾸로 교실은 학습자가 사전에 녹화된 강의를 보거나 책을 읽어야 합니

더 알아보기 **기존의 수업 vs. 거꾸로 교실**

전통적인 대면 교실수업에서는 '도입 – 새로운 내용 학습 – 문제 풀이/그룹 활동'의 순서로 수업이 진행됩니다. 선생님이 내용을 가르쳐 주는 데 대부분의 시간을 할애하고, 남은 시간 동안 학습지와 교과서의 문제를 풀거나 이와 관련된 그룹 활동을 합니다.

한편 거꾸로 교실에서는 학생들이 미리 집에서 내용을 학습하고 옵니다. 실시간 수업 시간의 대부분은 각자 학습한 내용에 대해 질문과 답변 혹은 토론을 하고 문제 풀이가 아닌 문제 해결 활동을 그룹으로 합니다.

도입	도입
	질문과 답변
새로운 내용 학습	
	문제 해결 / 그룹 활동
문제 풀이/그룹 활동	
전통적인 수업 모형	**거꾸로 교실 수업 모형**

다. 이처럼 예습을 해야 하기 때문에 학습자 입장에서는 인강식 수업보다 과제가 많다고 느끼게 됩니다. 실제로 거꾸로 교실을 제대로 운영하려면 학생들이 기존 수업 시간보다 두 배 정도 더 많은 시간을 투자해야 합니다. 기존에는 주 1회 두 시간짜리 인강만 보면 됐는데, 이제 그 인강은 숙제가 되었고 추가로 주 1회 실시간 수업에 참여해야 하기 때문입니다.

인강에만 익숙한 학습자들은 상호작용적 실시간 수업을 즐거워하면서도, 한편으로는 많아진 과제에 부담을 느낄 수 있습니다. 이러한 부담을 심리적으로 줄이는 방법은 이 수업에 대한 기대치를 학기 초에 명시하는 것입니다. 예를 들어 수업 시작 전에 "이 수업은 거꾸로 교실 형태로 운영합니다. 학습자는 하루 1시간 정도의 시간을 이 수업에 투자해야 합니다."라고 미리 알려 줍니다. 이와 같이 기대치를 명시하는 것은 1강에서 설명한 '잘 디자인된 원격수업의 특징' ▶▶ p.068 에도 들어갑니다.

2 학습자의 수업 준비를 확인하기

학습자가 사전에 수업 준비를 했다는 것을 증명할 방법을 고안하면 더 좋습니다. 예를 들면 학습한 내용을 바탕으로 간단한 온라인 퀴즈를 보게 하거나, 짧은 글을 쓰게 하는 것입니다.

온라인 퀴즈나 짧은 글 쓰기는 수업 준비를 했는지 확인하는 용도만 있는 것이 아닙니다. 이러한 활동은 이어지는 실시간 수업에 학생들이 더 집중할 수 있도록 도와줍니다. 온라인 퀴즈는 자기가 모르는 것이 무엇인지 스스로 진단할 기회를, 글쓰기는 자신의 생각을 정리할 기회를 주기 때문입니다. 이를 통해 학생은 실시간 수업에서 더 깊이 있게 배우고 더 적극적으로 토론에 참여할 수 있습니다.

③ 학습자의 수업 준비에 인센티브 부여하기

학습자가 사전에 학습하고 수업 준비를 해 오는 것에 대해 어떤 식으로든 인센티브가 있어야 합니다. 예를 들어 사전에 시청해야 하는 비디오의 내용과 관련하여 파워포인트 한 장으로 정리한다든지, 간단한 퀴즈를 본다든지, 짧은 글을 쓰게 했다면, 그 결과에 대해 교수자가 점수를 주는 등의 방식으로 인센티브를 부여해야 합니다. 이러한 인센티브는 최종 성적에 반영되어야 의미가 있습니다.

④ 실시간 수업은 고차원적인 활동으로 구성하기

실시간 수업에서 하는 활동은 단순히 지식을 암기해서 나열하거나 발표하는 활동이 아니어야 합니다. 공부해 온 지식을 바탕으로 토론하기, 실험을 통해 적용하기, 결과를 분석하고 평가하기, 새로운 것을 개발하기 등 고차원적인 사고를 필요로 하는 활동을 해야 합니다.

나의 수업에서 거꾸로 교실을 계획해 봅시다.

이전에 하던 전통적 수업

실시간 수업 (학교)	도입	
	내용 학습	
	문제 풀이 / 그룹 활동	
개별 학습 (가정)	숙제 (복습)	

◆ 전환하기 ◆

거꾸로 교실 수업

개별 학습 (가정)	동영상을 활용한 도입	
	내용 학습	
	숙제 (예습)	
실시간 수업 (학교)	문제 해결 / 그룹 활동	
	상호작용	

08 50명 이상의 대형 강의에서 상호작용적 수업하기

학습자의 수가 많으면 앞서 설명한 방법들로 상호작용하는 것이 어렵습니다. 개별적으로 상호작용을 하다가는 너무 많은 시간이 소요되기 때문입니다. 또한 줌 등의 비대면 방식으로 많은 참여자와 상호작용을 시도하는 것 자체가 막막하게 느껴질 수 있습니다. 그렇지만 대형 강의에서도 상호작용적 수업을 시도해야 합니다.

50명 이상의 학생들이 모여 있는 대형 강의라 할지라도 일방적이지 않은 수업을 할 수 있습니다. 최근에는 이러한 대규모 환경에서 참여자들이 쉽게 상호작용할 수 있게 도와주는 여러 프로그램들이 개발되어 있습니다. 이 프로그램들은 주로 학술대회처럼 불특정 다수가 모이는 오프라인 행사에서 사용되어 왔지만, 실시간 원격수업에서도 유용하게 활용할 수 있습니다.

물론 사람이 많은 만큼 깊이 있는 상호작용은 어렵습니다. 하지만 약간의 상호작용만으로도 좀 더 즐겁고 유익한 수업, 학습자가 적극적으로 참여하는 수업을 만들 수 있습니다. 이제, 50명 이상의 대형 강의에서 상호작용할 수 있는 몇 가지 방법을 알아보겠습니다.

① 질문하고 답변 듣기

가장 단순하고, 시간도 적게 걸리고, 사용하기 쉬운 방법이 바로 질문하기입니다. 수업의 시작도 질문으로 하고, 수업 중간에도 질문을 합니다. 다만, 형식적으로 질문을 하면 상호작용이 일어나기 어렵습니다. 교수자가 정말로 대답을 기대하고 질문해야 한다는 뜻입니다.

학생 수가 많은 원격 환경에서는 교수자가 질문을 해도 학생들이 잘 대답하지 않는 경우가 많습니다. 형식적인 질문을 하는 교수자를 많이 봐 왔기 때문입니다. 학생들은 교수자가 정말로 답변을 듣기 위해 질문하는 게 아닐 거라고 생각할 수 있습니다. 따라서 질문을 한 교수자는 질문에 대한 답변을 기다리고 있다는 것을 학습자에게 알려 주어야 합니다. 기다려 보기도 하고, 같은 질문을 또 해 보기도 하고, 정 응답이 없으면 이름을 불러서 다시 질문해 볼 수도 있습니다. 또한 하나의 질문에 대해 여러 사람의 답변을 들어 보는 것이 유익합니다.

행동주의 원리에 따라, 질문에 대한 답이 맞았을 때는 칭찬을 해 주는 것이 좋습니다. 하지만 학생이 틀린 답을 말했다 하더라도 부정적인 코멘트는 피하고, 용기를 내서 자신의 생각을 얘기한 행동에 대해 칭찬해 주세요.

> **TIP**
>
> 학생들이 생각과 의견을 자유롭게 표현할 수 있을 때 이후 수업에서도 상호작용을 활발하게 유지할 수 있습니다. 틀린 답을 얘기하는 것에 대해 불안감이나 공포심이 생기지 않도록 교수자는 각별히 신경을 써야 합니다.

형식적인 질문이 아닌 실질적으로 대답을 듣고자 하는 질문은 사전에 계획해 놓는 것이 좋습니다. 처음에 어떤 질문으로 시작할 것인지, 중간에 어느 슬라이드에서 어떤 질문을 할 것인지 계획합니다. 질문은 교수자가 학습자에게 할 수도 있지만, 학습자가 다른 학습자에게 또는 학습자가 교수자에게 하도록 유도할 수도 있습니다.

2 폴 이용하기

참여자들의 지적인 참여를 끌어낼 수 있는 또 다른 방법은 폴poll을 이용하는 것입니다. 폴은 설문조사와 비슷한데, 실제 설문조사처럼 체계적으로 개발된 문항에 답하는 형식은 아니고, 청중들의 전반적인 선호도나 생각을 알아보는 느슨한 설문이라고 보시면 됩니다.

폴을 활용하면 전체 참여자들의 생각을 데이터로 변환하여 확인할 수 있습니다. 개개인의 생각을 직접 듣는 게 아니므로 시간이 절약됩니다. 또한 참여자들은 다른 사람들의 생각을 알 수 있고, 이를 자신의 답변과 비교해 볼 수 있습니다.

폴은 원격 환경이든 오프라인 환경이든 수백 명의 청중이 동시에 즐겁게 참여할 수 있는 방법입니다. 예를 들면 수업을 시작할 때 "원격수업에 100% 집중해 본 적 있으신 분?"이라는 질문을 청중에게 던집니다. 사실 이런 간단한 질문은 거수로 답변해도 결과를 파악할 수는 있습니다. 그러나 폴을 통해 온라인으로 응답하게 하면 정확한 퍼센트를 알 수 있고, 그 수치를 전체 참여자와 공유할 수 있습니다.

온라인으로 질문을 제시하고 답변을 수합할 수 있는 폴 프로그램 중 하나인 슬라이도Slido를 소개합니다. 슬라이도는 청중에게 질문을 하고 답변을 받을 수 있는 어플리케이션입니다. 청중에게 QR코드만 보내면 로그인 없이 쉽게 답변을 할 수 있어서 수업 중에 사용하기 편리합니다. 단, 청중이 답변을 입력할 수 있는 기기(스마트폰)가 있어야 합니다. 전체 결과는 화면으로 다시 볼 수 있습니다. 슬라이도와 같은 프로그램의 장점은 다

슬라이도
www.sli.do

른 사람들의 의견 통계나 경향을 모든 참여자가 비주얼하게 확인할 수 있다는 점입니다.

예시 **슬라이도를 활용한 폴 퀴즈**

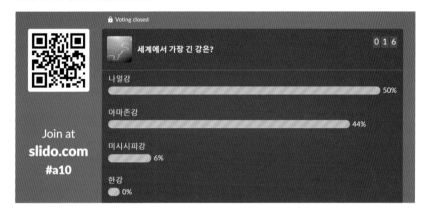

③ 비디오로 포스팅하기

자기소개나 자신의 경험처럼 전체 학생들과 공유할 수 있는 짧은 이야기를 각자 촬영하고 이를 공유합니다. 아니면 수업 중에 교수자가 던진 질문에 대해 학생들이 답변을 비디오로 촬영해 게시하게 할 수도 있습니다. 사람들은 다른 사람의 이야기에 관심이 많습니다. 그래서 이 방법은 수업에 대한 학생들의 흥미를 끌어올릴 수 있습니다.

물론 학생 수가 많으므로 수업 시간에 모든 학생의 비디오를 다 볼 수는 없을 것입니다. 하지만 이 방법은 수업이 끝난 후에 비디오들을 차근차근 볼 수 있다는 장점이 있습니다. 비디오 포스팅은 2강에서 설명한 플립그리드 ▶▶p.108 를 사용해서 할 수 있습니다.

④ 소그룹 토론방 활용하기

소그룹 토론방을 이용하면 학습자에게 잠깐이라도 말을 할 기회를 줄 수 있습니다. 대형 강의에서는 교수자만 말을 하고 학습자가 말할 기회는 거의 없는 일방적인 강의를 하기 쉽습니다. 이는 수업을 재미없고 지루하게 만드는 요인입니다.

말을 한다는 것은 곧 권력이자 참여를 의미합니다. 학습자에게도 말을 할 기회를 줌으로써 수업에서의 권력을 분산시키고 학습자들의 참여를 유도할 수 있습니다. 민주적인 수업은 창의적인 아이디어와 활발한 토론의 밑거름이 됩니다. 질문을 하는 이유도 궁극적으로는 학습자에게 말을 할 기회를 주기 위한 것입니다.

대학생 고민 콘서트

저희 대학에는 〈실사구시 파노라마〉라는 교양과목이 있습니다. 대략 200명 정도가 듣는 대형 강의입니다. 이 과목은 다양한 분야의 학내외 인사를 초청하여 한 주에 한 번, 두 시간 동안 강의하는 팀티칭 형식으로 진행됩니다. 저도 이 과목에서 강의 하나를 맡아 3년째, 즉 6학기 동안 해 오고 있습니다.

제가 맡은 강의 제목은 '대학생 고민 콘서트'입니다. 강의 자료는 없습니다. 서두에 학생들의 긴장을 풀어 주고 공감대를 형성합니다. 그 후에 익명으로 자신의 고민을 올리게 합니다. 고민들이 모이면 제가 고민을 읽어 주면서 여러 이야기를 해 줍니다. 제 이야기가 끝나면 다른 학생들의 의견을 더 들어 보기도 하지요.

지난 학기에는 수업을 유튜브로 진행했고, 이번 학기에는 줌으로 해 보았습니다. 줌으로 하면서는 슬라이도와 연동하여 익명으로 고민을 받았습니다. 학생들이 참 고민이 많은 시기라, 감당하기 어려울 정도로 많은 사연을 보내더군요.

고민을 익명으로 쓰게 했더니 학생들이 자신의 속내를 더욱 솔직하게 드러낼 수 있었던 것 같아요. 그리고 다른 학생들의 고민을 보면서 자기 얘기 같다고 느껴질 때에는 공감 버튼을 누르도록 했습니다. 학생들은 자신의 걱정과 불안이 혼자만의 고민이 아니라는 것을 깨닫고 위로를 받을 수 있었지요.

흔히 대형 강의에서는 상호작용을 하기 어렵다고들 하지만, 이 수업은 학생들의 참여도와 만족도가 무척 높답니다.

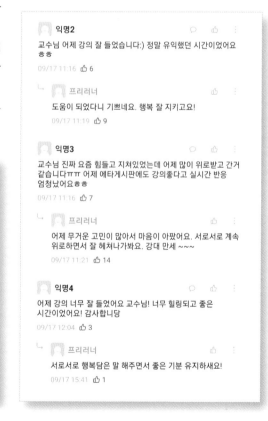

온라인에서의 보상 방법

행동주의 원리에서는 바람직한 행동에 대해 보상을 하고, 바람직하지 않은 행동에 대해서는 페널티를 줌으로써 교수자가 의도한 학습이 일어나게 합니다.

'참 잘했어요!' 도장, 칭찬 스티커나 포인트, 사탕과 같은 상품, 상장, 트로피, 자유 시간 10분 추가, 박수 쳐 주기, 활동 선택권, 간단한 게임, 칭찬이 담긴 피드백 등은 보상에 해당합니다. 반면, 좋아하는 활동으로부터 일시적으로 격리시키는 타임아웃, 포인트 깎기, 자유 시간 10분 축소 등은 페널티에 해당합니다.

대면수업에서 교수자는 다양한 보상을 이용해 학습자에게 동기를 부여합니다. 그런데 온라인에서는 어떻게 보상을 할 수 있을까요? 여기 몇 가지 대안을 소개합니다.

1 물질적 보상

● 버추얼 쿠폰

학생이 좋아하는 활동을 쿠폰으로 주어 원하는 때에 사용할 수 있게 하는 방법입니다. 대면 상황에서 사용할 수 있는 쿠폰이든 온라인 상황에서 사용 가능한 쿠폰이든 괜찮습니다.

대면 상황에서 사용 가능한 쿠폰으로는 원하는 자리에 앉기, 원하는 짝과 앉기, 쉬는 시간 10분 연장, 선생님과 점심 먹기, 간식 교환권 등이 있습니다. 온라인 상황에서 사용 가능한 쿠폰에는 쉬는 시간 10분 연장, (실시간 화상회의로) 선생님과 점심 먹기, 토론 점수 보너스 1점, 간식 파티, 교육용 온라인게임하기 등이 있습니다.

최고의 쿠폰

쉬는 시간 10분
연장

● 즐거운 활동

보상으로 학급 전체가 함께 하는 즐거운 게임 시간을 약속할 수 있습니다. 예를 들어 모든 학생이 토론에 충실히 참여하면, 수업이 끝나기 전 실시간으로 다 같이 할 수 있는 게임을 하기로 정하는 것입니다. 이때 보상으로 하는 게임은 학습 게임이 아닌, 순수하게 재미를 위한 게임이어야 합니다. 게임은 이 강의 앞부분 ▶▶p.146 에서 설명한 내용을 참조하세요.

학습자들이 좋아할 만한 활동을 한두 페이지로 만들어 pdf 파일로 보내 줘도 좋습니다. 어린 학습자에게는 온라인 색칠 공부 페이지를, 초등학생에게는 단어 퍼즐이나 미로 찾기 등 간단한 게임 페이지를, 성숙한 학습자에게는 저작권 문제가 없는 글이나 정보를 보내 줍니다.

학생들이 어리다면 최종적으로는 모든 학생이 보상을 받을 수 있게 하는 것이 좋습니다. 교수자가 원하는 성취기준까지 올라가지 못하더라도 노력한 것에 대해 보상을 합니다.

● 기프티콘

온라인에서 줄 수 있는 가장 실제적인 보상은 기프티콘입니다. 기프티콘은 디지털 상품권으로, 교수자가 결제한 후 보내 주어야 합니다. 기프티콘의 장점은 성인 학습자들에게 특히 인기가 좋아 학습 분위기를 고취시키고 강한 참여 동기를 부여한다는 점입니다. 반면 보상을 하는 데 드는 비용이 만만치 않다는 것이 단점입니다.

② 상징적 보상

● 칭찬 이미지

어렸을 때를 생각해 보세요. 칭찬이나 상을 받을 때 선생님이 무엇을 주었나요? 트로피, 배지, 칭찬 스티커 같은 것들이 떠오를 것입니다. 원격 수업에서도 교수자가 이런 아이템들을 그림으로 그려 채팅창으로 보내는 형식으로 보상을 해 줄 수 있습니다. 그림은 손으로 직접 그릴 수도 있지만 요즘에는 아이템들을 제작할 수 있는 온라인 툴도 많습니다. 게임처럼 여러 배지를 모아 더 큰 보상을 받게 하는 방법도 있습니다.

> **TIP**
>
> **어도비 스파크** | 타이포그래피, 아이콘 등을 포함한 템플릿을 제공하는 프로그램입니다. 이 프로그램을 활용하면 보상 아이템 이미지를 쉽게 제작할 수 있습니다. 어도비 스파크Adobe Spark에는 무료 템플릿도 있으며 웹과 모바일 모두 사용 가능합니다.
>
>
> 어도비 스파크
> spark.adobe.com

● 아바타

학생의 특징을 잘 살린 아바타를 만들어서 보내 줄 수 있습니다. 학생과 닮게 만든 아바타는 온라인으로 송부해도 되고, 출력해서 우편으로 보내 줘도 됩니다. 아바타를 만들 수 있는 여러 가지 무료 어플리케이션이 많으니, 적극적으로 활용해 보세요.

● 온라인 인증서

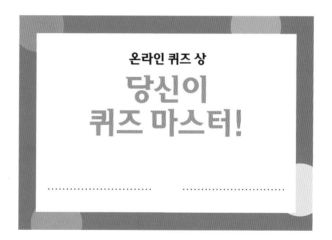

수업의 처음부터 끝까지 성실히 참여하여 과정을 완료했음을 증명하는 의미로 인증서를 만들어 줄 수 있습니다. 기관에서 공식적으로 주는 것이 아니어도 괜찮습니다. 교수자가 임의로 만든 형식의 인증서로도 충분히 의미 있는 보상이 될 수 있습니다.

3 사회적 보상

● 하이파이브

카메라 앞에 손바닥을 대며 교사와 함께 하이파이브를 하는 동작을 합니다. 다 같이 "하이파이브!"하고 외쳐도 좋습니다. 개별적으로 보상을 하기에도 좋고 불특정 다수를 동시에 칭찬하기에도 좋은 방법입니다.

● 박수 쳐 주기

반 전체 학생이 함께 박수를 쳐 줍니다. 박수 쳐 주기는 잘한 학생들에게 혹은 서로에게 줄 수 있는 매우 강력한 사회적 보상입니다. 특히 청소년 및 성인 학습자에게 사회적 보상은 매력적인 보상입니다. 인정받는 느낌이 들기 때문입니다.

● 게시판에 이름 올리기

사람들은 사회적 상황에서 자신의 이름이 인정받는 것을 좋아합니다. 게

시판에 이름을 올려 주면 학생들의 학습 동기를 자극할 수 있습니다. 단, 학생들이 어릴수록 많은 학생들의 이름을 올려 주고, 학기가 끝나기 전까지 모든 학생의 이름이 한 번씩은 올라가게 합니다. 또한 어린 학생일수록 성취도보다는 노력에 대한 보상을 주는 것이 좋습니다.

온라인에서는 학생들에게 보상을 주는 데 제한이 많습니다. 그러나 보상은 유아에서부터 성인까지 모든 학습자의 상호작용과 참여를 끌어낼 수 있는 강력한 요소입니다.

보상을 주는 타이밍은 정해져 있는 것이 아니라 수업 설계에 따라 달라질 수 있습니다. 수업 시작 직후에 주어도 좋고, 수업이 끝나는 시점에 주어도 좋고, 수업 내내 주어도 좋습니다.

다만, 보상은 수업을 즐겁게 만드는 요소로 사용되어야 한다는 점을 명심하세요. 지나친 경쟁을 부추기고 학습자의 행동을 강하게 컨트롤하기 위한 수단으로 보상을 사용해서는 안 됩니다. 원격수업에서의 보상은 학습자가 즐거운 마음으로 참여할 수 있도록 가볍게 사용하는 것이 바람직합니다.

최고의 보상은 '스스로 칭찬해 주기'입니다

보상에는 단계가 있습니다. 가장 낮은 수준은 음식(사탕, 과자 등)이나 상품(장난감, 학용품 등)을 주는 물질적 보상입니다. 이런 보상들은 즉각적인 효과가 있어 유아와 같이 발달적으로 낮은 수준의 학습자에게 사용되곤 합니다. 그러나 이 방법은 보상을 구입하는 데 비용이 들고, 어떤 음식의 경우 아동의 건강에 안 좋은 영향을 미칠 수도 있습니다.

물질적 보상보다 나은 보상은 상징적 보상입니다. 대표적으로 카드회사, 백화점, 통신사 등이 지급하는 포인트, 학교에서 선생님이 주는 스티커나 점수 등이 있습니다. 이런 보상들은 비용이 거의 발생하지 않고 실생활에 직접적으로 영향을 미치지도 않지만, 심리적으로는 만족감을 줍니다.

교육 환경에서 상징적 보상보다 더 높은 수준의 보상은 칭찬과 같은 사회적 보상입니다. 사회적으로 인정을 받는 보상은 특히 청소년기 이후의 학습자에게 효과가 있습니다. 하지만 사회적 보상을 위해서는 나를 칭찬해 주어야 할 사람이 있어야 합니다. 또한 사회적 보상 역시 외재적인 동기를 자극하는 것이므로 가장 이상적인 보상이라 하기에는 어렵습니다.

그렇다면 가장 높은 수준의 보상은 무엇일까요? 그것은 바로 스스로 칭찬을 해 주는 자기 보상입니다. 자기 보상은 비용도 들지 않고, 남에게 의존하지 않아도 되며, 무엇보다 내재적 동기로 학습하게 하므로 가장 좋은 보상이라 할 수 있습니다. 비록 원격수업 현장에서 사용하기 적합한 보상은 상징적 보상과 사회적 보상이지만, 이러한 자기 보상의 중요성도 잊어서는 안 될 것입니다.

음식, 상품 등의
물질적 보상

포인트,
스티커 등의
상징적 보상

말로 하는
칭찬 등의
사회적 보상

자기 자신에게
칭찬해 주는
자기 보상

보상의 단계

10 실시간 수업에서 교사협력 방법

중·고등학교나 대학에서는 교수자별로 전공과목이 정해져 있지만, 유치원이나 초등학교의 경우 1명의 교수자가 여러 교과를 가르쳐야 합니다. 이는 원격수업 환경에서 교사의 에너지를 불필요하게 소모하는 일이 될 수 있습니다. 그래서 인강식 수업에서는 한 학년의 교사들이 각자 과목을 몇 개씩 맡아 그 과목의 콘텐츠를 만드는 식으로 자연스럽게 협업을 합니다. 말하자면 팀티칭team teaching을 하는 것이죠.

그렇다면 인강이 아닌 상호작용적 수업에서는 어떻게 협업을 할 수 있을까요? 상호작용적 수업 혹은 실시간 수업에서도 팀티칭이 가능합니다. 연구에 의하면 팀티칭 모델에는 다음과 같은 것들이 있습니다.

● 주교사, 보조교사

두 개의 학급을 합쳐 1명의 선생님(주교사)이 학급 전체를 가르치고, 다른 선생님(보조교사)은 학생들에게 개별적으로 도움을 줍니다. 네, 이 방법은 실시간 원격수업에서도 가능합니다. 예를 들어 주교사가 수업을 하는 동안 보조교사는 채팅창을 관리하면서 학생의 질문에 대답하고 도움이 필요한 학생을 찾아 도와주는 것입니다. 수학처럼 개별적으로 직접 풀어 보면서 공부해야 하는 과목에 적합합니다.

● 순환적 교수

인강식 수업에서와 마찬가지로 같은 학년의 교사들끼리 과목을 나눕니다. 예를 들어 3학년에 5명의 교사가 있다면 여러 원격수업 과목을 5명이 나누어 담당합니다. 그런 후에 각자 맡은 과목만을 가르치는데, 실시간 수업에서는 교시마다 선생님이 학생들을 찾아가는 것이 아니라 학생들이 돌아가면서 해당 과목 수업에 참가합니다. 영어 원어민 선생님 수업과 같은 방식입니다. 각 선생님이 자신이 맡은 교과의 전담 선생님이 되는 것이지요. 이렇게 하면 실시간 수업에 대한 교사들의 업무 부담이 줄고, 학생들도 다이내믹한 수업을 할 수 있습니다. 영어나 과학처럼 높은 전문성을 요하는 과목에 적합합니다.

● 평행적 교수

한 학급에 2명 이상의 교수자가 배정되어 있을 때 사용할 수 있는 방법입니다. 전체 학생을 교사 수만큼 소그룹으로 나누고, 각각의 소그룹에서 동일한 내용을 지도하는 방식입니다. 보조교사나 교생 선생님이 있을 때 사용해 볼 수 있습니다.

● 대안적 교수

1명의 선생님이 전체 학급을 가르치고, 다른 선생님은 학생 중 일부를 소그룹으로 떼어서 가르칩니다. 실시간 수업과 비실시간 수업 모두에서 사용할 수 있습니다. 학생들의 수준에 편차가 클 때 사용하면 좋은 방법입니다.

팀티칭을 원활하게 하기 위해서는 수업에 관련된 모든 교수자가 교육 목표에 대해 사전에 충분히 협의해야 합니다. 교육 목표 외에도 교과의 교육 내용, 수업 방식, 협업 방식, 학급 내 문제행동에 대한 대처 방법 등에 대해서도 협의가 필요합니다. 또한 하나의 수업에는 학급 운영, 가정과의 소통 등 신경 쓸 부분이 많습니다. 그러므로 누가 어느 부분을 맡아서 책임질지 서로 논의하여 분담해야 합니다.

특히 특수학급 교사와 통합학급 교사 간의 협력은 학생의 원격수업 경험과 성공에 있어 매우 중요한 역할을 합니다. 장애 학생의 교육에 대한 일차적 책임을 누가 맡을지, 일반학급에서 하는 학습 내용을 누가 장애 학생에게 적합하게 수정할지, 개별화 교육 계획을 어떻게 반영할지 등에 대해 교사들이 사전에 충분히 논의해야 합니다.

11 실시간 수업을 성공적으로 운영하는 팁

실시간 수업은 학생들에게 추가적인 노력을 요합니다. 학생들이 시간을 지켜야 하고, 기본적인 차림새를 갖춰야 하고, 조용한 환경을 찾아야 하죠. 또한 실시간 수업을 하는 동안 참여하는 자세를 지속적으로 보여야 하고, 수업 준비가 잘 되어 있어야 하며, 화장실 이용이나 식사 등에 제한이 있기도 합니다. 이러한 이유로 학기가 지날수록 실시간 수업에 대한 피로도가 누적되어 점차 비실시간 수업을 선호하는 경향이 나타날 수 있습니다.

그러나 실시간 수업에서 상호작용하는 기회는 학습자에게 매우 중요합니다. 따라서 하루 수업에서 차지하는 실시간 수업의 시간이나 비중을 축소하더라도, 실시간 수업 자체는 학기 끝까지 유지하는 것이 좋습니다. 여기에서는 성공적인 실시간 수업을 위한 팁 두 가지를 간단히 설명하겠습니다.

기대를 갖고 오게 합니다

다른 수업과 마찬가지로 실시간 수업에서도 학습자가 기대하는 마음으로 수업에 오는 것이 중요합니다. 학습자들이 수업에 기대감을 갖고 참여할 때 학습 효율은 올라갑니다.

실시간 수업에 대한 기대를 끌어내는 방법은 수업을 하기 며칠 전 혹은 1주 전에 수업에 대한 예고를 하는 것입니다. 실시간 수업에는 반드시 상호작용적인 요소가 포함되어야 한다고 강조해 왔습니다. 바로 이 상호작용 요소를 활용하여 수업을 예고하면 학생의 기대를 높일 수 있습니다. 예를 들어 다음 시간에 지구의 환경 문제에 대해 공부하겠다고 예고하는 것보다, 환경 문제에 대한 토크쇼를 진행해 보자고 예고하는 것이 훨씬 더 큰 기대감을 불러일으킵니다.

요즘 학생들은 비주얼한 자료를 좋아하니 다음과 같이 간단한 포스터를 만들어서 이메일로 보내거나 단체 채팅방에 뿌려도 좋습니다.

예시 **실시간 수업에 대한 예고 포스터**

이 포스터에서는 제목을 '대면, 원격, 블렌디드 학습'이라고 하여 주제를 대략적으로 알려 주고 있습니다. 또한 '갖고 있는 모자 중 가장 특이한

모자, 선글라스, 핸드폰'을 준비하라고 했지만 이 준비물들이 왜 필요한지는 일부러 설명하지 않았습니다. 청중의 호기심을 자극하여 수업에 대한 기대를 갖고 오게 하기 위한 전략입니다.

> **TIP**
>
> **캔바** | 템플릿과 이미지 소스를 이용하여 프레젠테이션이나 포스터 등 각종 시각적 콘텐츠를 만들 수 있는 프로그램입니다. 캔바canva로 수업을 예고하는 간단한 포스터를 만들어 보세요. 일부 자료는 유료이지만 무료로 사용할 수 있는 자료들도 많습니다. 어도비 스파크와 마찬가지로 웹과 모바일 모두에서 이용할 수 있습니다.
>
>
> 캔바
> canva.com/ko_kr

② 일정한 스케줄을 유지합니다

실시간 수업과 비실시간 수업을 혼합하여 사용하다 보면, 학습자가 스케줄에 혼란을 느낄 수 있습니다. 비실시간 수업은 학습자가 자율적으로 학습하기 때문에 괜찮지만, 실시간 수업의 경우 모든 학습자가 한날한시에 모여야 하기 때문에 스케줄에 대한 혼란을 최소화할 필요가 있습니다. 매일 같은 시간에 실시간 수업을 하는 것이 아니라면, 주 단위로 일정한 스케줄을 정하고 시간표를 만들어서 학생들에게 이메일로 보내 주는 것이 좋습니다.

12 유아, 초등 저학년, 장애 학생 대상의 원격수업은 어떻게 할까

아직 구체물 조작이 중요한 유아와 추상적 사고가 서툰 초등 저학년, 그리고 직접적 상호작용이 필수적인 장애 학생의 경우 원격수업이 쉽지 않습니다. 이 학습자들은 원격으로 접속하는 데에도 성인의 도움이 필요합니다. 그럼에도 원격수업을 해야 하는 상황이라면 다음의 교수학습 전략들이 도움이 됩니다.

- 나이가 어린 학생과 인지능력이 낮은 장애 학생 대상의 원격수업에서 가장 중요한 것은 선생님의 존재감입니다. 선생님의 얼굴이 화면에 나오고, 선생님과 아동이 직접 소통하는 경험이 가장 중요합니다. 실시간 소통이 어렵다면 녹화된 영상으로라도 선생님의 존재를 드러내는 것이 필요합니다.

- 아동이 구체물을 직접 조작하기 어려운 상황이라면 화면으로라도 조작하는 모습을 보여 줍니다. 예를 들어 수학의 경우 선생님이 직접 블록을 갖고 세는 모습을 보여 준다든지, 실제로 종이에 크레파스로 그림을 그리는 모습을 보여 주는 것입니다.

- 어린 학생들의 경우 실시간 수업에 소극적으로 임할 때가 있습니다. 교실에서는 떠들고 자발적으로 발표하던 학생들이 원격 환경에서는 입을

꼭 닫고 아무 말도 안 하는 것이죠. 이는 하기 싫어서가 아니라 새로운 디지털 환경이 익숙지 않고, 어떻게 행동해야 하는지 프레임이 없으며, 부끄럽기 때문인 경우가 대다수입니다. 학생들이 조용하다고 해서 실망하거나 자신감을 잃지 마세요. 여러 방법을 사용해 수업에서 상호작용을 촉진한다면, 학생들이 곧 적극적으로 발표하고 참여할 것입니다.

- 실제 교실에서 사용하는 방법들을 화면으로 보여 주며 하는 것이 더 효과적입니다. 예를 들어 학생들에게 발표를 시킬 때 그냥 이름을 부르기보다 구체물을 사용해 제비뽑기하기, 여러 도구를 이용해 실험하거나 측정하기, 다양한 재료로 그림 그리기 및 만들기 등 대면수업에서 하는 활동들을 카메라 앞에서 보여 주는 것이 도움이 됩니다.

- 일반적인 상황에서 유아의 주의집중 시간은 20분 내외입니다. 초등 저학년은 이보다 조금 더 길고, 장애 학생은 개인 편차가 큽니다. 아동들을 관찰하며 주의집중 시간을 파악하여 수업을 설계합니다. 쉬는 시간에 화장실에 가거나 과자를 먹어도 된다고 안내해 주는 것도 좋습니다.

- 디지털 툴을 최대한 심플하게 사용합니다. 실시간 수업 플랫폼, 구글 클래스룸, 이클래스 등 여러 툴 중에 한 가지 혹은 실시간/비실시간 하나씩 두 가지를 골라 그것만 사용합니다. 여러 툴을 사용하면 학생들에게 추가적인 부담으로 작용할 수 있습니다.

- 테크놀로지 없이도 할 수 있는 오프라인 활동들을 제공합니다. 나이가 어린 학생들과 장애 학생들에게는 학교에서 나눠 주는 가정 학습 자료

인 '학습 꾸러미'가 효과가 높다고 알려져 있습니다. 학습 꾸러미는 종이에 프린트된 학습지부터 다양한 재료를 사용하여 만들기까지 테크놀로지 없이 할 수 있는 오프라인 학습 활동들을 모아 놓은 패키지입니다. 원격수업이 꼭 디지털로만 이루어져야 하는 것은 아닙니다. 이런 오프라인 활동들도 원격수업에 포함됩니다. 학습 꾸러미로 제공하는 자료에 아동의 이름 또는 아동이 관심 있어 하는 소재들을 활용하면 흥미를 유발할 수 있습니다.

- 스케줄을 최대한 일정하게 유지합니다. 수업이 시작하는 시간, 끝나는 시간, 수업 요일 등을 일정하게 유지하여 혼란을 최소화하고 예측 가능한 스케줄을 정해 줍니다.

- 가정과의 소통 채널을 형성합니다. 아동이 어려워하는 것이 무엇인지, 가정에서 해 줄 수 있는 것은 무엇인지 등에 대해 상호 간 정보가 많을수록 더 효율적인 교육이 이루어질 수 있습니다.

- 아동들을 너무 수동적인 학습자로만 대하지 말고, 아동들이 스스로 생산하는 활동을 할 수 있는 기회를 줍니다. 그림을 그릴 수도 있고, 책 읽는 모습을 담은 비디오를 찍을 수도 있습니다. 가정의 협조가 필요하겠지만, 이를 지나치게 두려워해서는 의미 있는 결실을 거두기 어렵습니다. 부모님은 자녀가 만들어 낸 의미 있는 결과물을 보기 원하는 마음도 있습니다. 위에서 말한 가정과의 긍정적이고 지속적인 소통 채널이 가정의 협조를 받는 데 많은 도움이 됩니다.

처음에도 말했듯이 유아와 초등 저학년, 장애 학생 대상의 상호작용적 원격수업은 쉽지 않습니다. 처음부터 너무 많은 것을 해내려고 하기보다 한두 가지 활동으로 시작하되 확장해 나갑니다.

특수학급 원격수업

저는 특수학급을 맡고 있습니다. 모든 학생들이 다 개별적이지만 특수학급 학생들은 개별성이 더 큰 편입니다. 그래서 가능하면 줌을 활용해 학생들의 얼굴을 보면서 실시간으로 수업하려 하지만, 학생의 특성이나 가정상황에 따라 온라인 학습방으로 공부하는 학생도 있습니다.

실시간 원격수업은 다음과 같은 순서로 진행합니다.

01 체조로 인사하기

02 오늘의 날짜와 날씨에 대해 달력으로 공부하기

03 꾸러미 활동 및 동화책 읽기
학습 꾸러미는 그날 수업 주제와 학생의 수준에 따라 다르게 제작합니다.

04 개별적으로 흥미 있거나 필요한 내용 공부하기
기본적인 자료는 파워포인트로 제시하지만, 특수학급이니만큼 학생 개개인의 특성에 따라 다소 차별화된 방식으로 수업을 진행하기도 합니다. 글을 읽을 수 있는 학생의

경우, 학생이 말한 문장을 제가 자판으로 쳐서 줌의 화이트보드에 띄워 줍니다. 아직 글을 잘 모르는 학생이라면, 그림을 그려 가며 이야기를 나누거나 그림 퀴즈를 내면서 그날의 수업 주제에 대해 학습합니다. 제가 준비한 수업 자료로 공부하는 것도 좋지만 학생들의 사진이나 경험을 수업으로 가지고 와서 이야기를 나누면 학생들의 자발성과 집중력을 높이는 데 도움이 됩니다.

05 오늘 배운 내용 정리하기

06 (학생에 따라) 가위, 바위, 보를 해서 선생님을 이기면 수업 종료하기

수업의 주제에 따라 과제가 나갑니다. 예를 들어 '우리 동네'에 대해 배운 다음에는 분식집에 가서 좋아하는 음식 사 먹기, 편의점에서 컵라면 사기, 문구점에서 학용품 사기, 약국에서 마스크 사기와 같은 활동을 부모님과 함께 하고 사진을 찍어서 온라인 학습방에 올리도록 합니다. 이 활동 사진은 다음 날 수업 자료로 활용합니다.

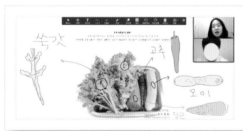  

13 말을 잘 하지 않는 어린 학생들의 참여를 끌어내기

실시간 원격수업에서 학습자들이 말을 하지 않고 조용히 앉아 있는 상황, 다들 겪어 보셨을 겁니다. 이런 문제는 학생들의 나이가 어릴수록 더 빈번하게 나타납니다. 아이들은 왜 줌과 같은 실시간 화상회의 플랫폼에서 말을 하지 않는 것일까요? 그 이유는 다음과 같습니다.

첫째, 화상회의 플랫폼이라는 상황이 낯설기 때문입니다. 특히 같은 반 친구들이나 선생님과 친밀감이 형성되어 있지 않은 경우, 플랫폼뿐 아니라 관계에 대한 낯섦이 함께 존재합니다. 그러니 나이가 어린 학생들일수록 다양한 상호작용 놀이와 활동을 통해 플랫폼과 관계에 대한 어색함을 최대한 빨리 없애는 것이 좋습니다.

둘째, 비언어적인 사회적 신호를 읽어 내기 어렵기 때문입니다. 대면 상황에서 대부분의 사람들은 표정, 제스처, 분위기 등의 복잡한 사회적 정보를 종합하여 의사소통을 합니다. 하지만 화상회의에서는 이러한 비언어적 신호가 잘 포착되지 않죠. 따라서 내가 언제 말을 해도 되는지, 다음에 누가 말을 하려고 하는지, 선생님이 원하는 것이 무엇인지 등을 알기가 어렵습니다. 성인이라면 이러한 정보가 부족할 때 기존의 경험에 의존해 해석을 시도해 보지만, 축적된 경험이 많지 않은 아이들에게 이것은 어려운 일입니다. 이때는 몇 가지 신호 룰을 정하면 도움이 됩니다. 다음에 발언을 하고 싶은 사람은 손을 들거나(하지만 너무 오래 손을 들고 있게 하면 안 됩니다. 어린아이들은 실제로 팔이 아파서 울기도 합니다.) 시각적인 표시를 하게 안내합니다.

셋째, 타고난 성격도 원인으로 작용합니다. 대면수업에서 조용한 아이들은 원격수업에서도 조용합니다. 반면, 대면수업에서 말이 지나치게 많아 시끄러웠던 아이들이 원격수업에서 활발한 수업을 만드는 데 중요한 역할을 하기도 합니다. 아이들의 각기 다른 특성을 존중해 줄 필요도 있습니다.

넷째, 수업 내용이 너무 어렵거나 인지 활동 위주인 것이 원인이 되기도 합니다. 그러니 연령에 적합한 상호작용적 요소를 충분히 활용해야 합니다. 인지적·언어적 학습만 강조하지 말고, 몸을 움직이는 활동도 함께 디자인하여 넣는다면 참여도가 향상될 수 있습니다.

다섯째, 수업 내용이 흥미롭지 않아서 아동의 관심을 끌지 못하는 경우도 많습니다. 이런 경우 장시간 말을 하지 않고 앉아 있는 아동들은 사실상 주의집중을 하지 않고 있을 가능성이 큽니다. 교과서의 내용이 전부 흥미로울 수는 없습니다. 이럴 때는 학습자의 사전지식이나 사전경험을 두드려야 합니다. 어린 학습자들이 새로운 지식을 기존의 지식과 연결하여 학습할 수 있도록, 교수자가 수업을 설계할 때 도입 부분을 더 신경 써서 계획해야 합니다. 또 새로 배운 지식이 실생활에서 어떻게 활용될 수 있는지, 어떤 의미가 있는지 연결시켜 줄 필요가 있습니다.

> **TIP**
>
> 수업 내용이 어렵거나 지루해서가 아니라, 교수자가 말하는 속도가 빨라서 이해가 안 될 때에도 학생들은 말을 잘 하지 않습니다. 수업 내용을 따라가지 못해서 할 말이 없는 것이죠. 어린 학생들의 수준에 맞게 수업의 속도를 조절하고, 잘 따라오고 있는지 수업 중간중간에 확인하는 것이 필요합니다.

마지막으로, 선생님이 지나치게 엄격하면 아이들은 말을 덜하게 됩니다. 대면수업에서는 교수자와 학생이 비공식적 관계를 형성하기 쉽습니다. 비공식적 관계 맺기는 주로 학습 활동 외에서 일어나는 커뮤니케이션으로 이루어지는데, 대면수업에서는 그럴 기회가 많은 것이죠. 예를 들면 아침에 만나면 인사하기, 지나가며 안부 묻기, 일상적 대화 등이 여기에 해당합니다. 그래서 대면수업에서는 엄격한 선생님도 아이들과 친밀한 관계를 맺을 수 있습니다.

하지만 원격수업에서는 비공식적 관계 맺기 활동을 할 수 없습니다. 수업 시간 이외의 시간에 일상적인 대화를 하기 어려울뿐더러, 실제로 교수자가 이를 시도할 경우 윤리적으로 문제가 될 가능성도 있습니다. 따라서 교수자는 대면수업 때보다 원격수업에서 훨씬 더 친절하고 재미있는 모습을 보여 주어야 합니다. 다정하고 인간적인 교수자의 모습은 학습자에게 친밀감을 줍니다. 그리고 언제나 그렇듯이 적당한 유머는 큰 도움이 됩니다.

4강

깊이 있는
참여 수업
만들기

#토론 수업   #협력적 발표 수업   #협력적 글쓰기 수업   #블렌디드 러닝

원격수업에서 학습자들을 지적으로 활성화하고 적극적으로 참여하게 하는 방법은 무엇일까요? 바로 교수자가 하던 활동을 학습자가 하게 하는 것입니다.

교수자는 수업을 하기 위해 책을 읽고, 연구한 것을 파워포인트에 정리합니다. 그런 후 수업에 가서 자신이 아는 내용을 이야기합니다. 이 과정에서 학습을 가장 많이 하는 사람은 학습자가 아닌 교수자입니다. 교수자가 통상적으로 하는 이러한 활동들을 학습자가 하게 해야 합니다. 이 강에서는 세 가지의 학습자 참여 수업을 제시합니다. 토론, 협력적 발표, 그리고 협력적 글쓰기입니다.

01 토론 수업의 중요성

토론은 여러 교육적인 효과가 있습니다. 학생들은 토론을 하며 사람마다 관점이 다를 수 있음을 이해합니다. 이처럼 관점의 차이가 존재한다는 것을 이해할 때 공감 능력이 길러지고, 다른 사람의 경험을 인정하며, 다양성의 중요성을 깨닫게 됩니다.

또한 토론을 하다 보면 자신의 주장에서 명료하지 않은 부분을 만나곤 합니다. 그럴 때 학생들은 주장의 모호함이나 복잡함을 인내하는 훈련을 하게 되고, 주장이란 타당한 근거를 갖춰야 하며 명확하게 표현되어야 한다는 점을 알게 됩니다.

나아가 토론은 깊이 있는 학습의 기회를 줍니다. 토론을 위해서는 학습한 내용을 비판적으로 사고하고 다른 상황에 적용해 보아야 하기 때문입니다. 예를 들어 기후변화에 대해 배우고 나서 이를 바탕으로 토론하면, 학습자는 배운 내용들을 종합하고 분석하는 연습을 하게 됩니다. 토론 주제에 대해 진실된 관심을 갖게 되기도 하고요. 자신도 모르게 가지고 있었던 편견이나 가정을 점검해 보고 생각의 변화를 경험할 수도 있습니다.

토론은 민주사회에서 중시하는 절차이기도 합니다. 학습자는 토론 과정에서 다른 사람의 의견을 경청하는 훈련을 하고 민주적 절차를 내면화합니다. 그러면서 자신을 사회적 의사결정의 참여자로, 지식의 생산자로 인식하게 됩니다.

그렇기에 토론은 교육에서 매우 중요하게 여겨집니다. 소크라테스가 사용한 주요 교육 방법도 토론이었죠. 소크라테스는 토론을 통해서만 지식이 만들어진다고 보았습니다. 그는 지식을 글로 쓰거나 남기는 것을 반대했는데, 글로는 생생한 토론을 할 수 없기 때문이었습니다. 결국 소크라테스는 글로 쓰인 지식은 죽은 지식이라고 여겨 글을 남기지 않았습니다. 소크라테스의 생각에 모두 동의하기는 어렵지만, 토론의 중요성이 수천 년 동안 강조되어 왔다는 사실은 부정할 수 없습니다.

온라인수업에서는 토론이 더욱 중요합니다. 인강으로는 의미 있는 학습이 이루어지기 어렵다는 점도 문제이지만, 학습자가 무분별하게 콘텐츠를 받아들이는 '태도'를 훈련시킨다는 점도 큰 문제입니다. 이를 교육학 용어로 '잠재적 교육과정'이라고 하는데요. 학생들은 '인강은 선생님이 주는 강의니까'라고 생각하면서 비판적 사고 없이 모든 내용을 진리truth로 받아들일 가능성이 높습니다. 교수자는 콘텐츠에서 학습에 관한 내용만을 전달하고 싶었겠지만, 실제로는 주어진 자료를 무비판적으로 수용하는 태도까지 가르치게 될 수 있다는 뜻입니다.

> **TIP**
>
> **잠재적 교육과정** | 교수자가 가르치고자 의도하고 계획한 내용과 관계없이 다른 것을 가르치게 되는 것을 뜻합니다. 주로 태도나 가치, 편견처럼 겉으로 드러나지 않는 것일 때가 많습니다. 예를 들어 진로에 대해 교육하려 했지만 의도하지 않게 남녀 차별에 대한 관념이 학생들에게 흘러들어 가게 될 때, 이를 잠재적 교육과정이라고 합니다.

그러나 다들 아시다시피 온라인 콘텐츠에는 잘못된 내용, 가짜 뉴스, 낡은 정보들이 넘쳐납니다. 교수자조차도 이를 가려내지 못하고 학생들에게 링크시켜 주는 일이 빈번하지요. 그러니 학생들은 자신이 접하는 정보의 정확성을 확인하고 타당성을 검증하는 과정을 배우고 익혀야 합니다.

따라서 원격수업이 인강으로만 이루어져서는 안 됩니다. 인강을 사용하더라도 부분적으로만 사용하고, 학생들이 스스로 찾고 연구하고 비교하며 비판적으로 사고할 수 있는 환경을 조성해 주어야 합니다. 비판적 사고는 사회적 학습을 통해 이루어지는데, 그중에서도 토론이 가장 효과가 있는 것으로 보고됩니다. 토론을 하려면 다양한 관점을 이해하고, 문제의 복잡성을 파악하며, 이를 토대로 자신의 생각을 다듬어야 하기 때문입니다.

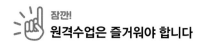

잠깐!
원격수업은 즐거워야 합니다

교수자가 실시간 원격수업에서 절대로 해서는 안 되는 것이 있습니다. 그것은 바로 '무서운 선생님'이 되어 수업 시간을 '무서운 시간'으로 만드는 것입니다. 실시간 원격수업은 시간에 맞춰 그 자리에 와서 수업에 참여해야 하는 것만으로도 학습자에게 상당한 스트레스를 줍니다. 거기에다 교수자가 학습자를 지나치게 컨트롤한다면, 그 시간은 학습자에게 너무나 괴로운 시간이 될 것입니다.

학생들이 잘 따라오게 하기 위해 교수자가 많은 것을 준비한다 해도, 모든 학생이 항상 열의를 가지고 참여할 수 있는 것은 아닙니다. 그런데 그에 대해 엄격하고 무서운 분위기를 만든다면 이는 그 수업에 참여할 마음을 갖고 들어온 대다수 학생들에게 벌이 됩니다. 수업은 시간에 맞춰 들어온 학생들을 존중하고 보상하는 방향으로 진행되어야 합니다. 그래야 긍정적인 커뮤니케이션이 이루어지고 즐거운 학습이 일어나기 때문입니다. 어떤 이유에서든 학습자 대부분이 '수업 시간이 괴롭다'고 느낀다면 교수자가 힘들게 준비한 수업은 효과가 떨어지게 되고, 장기적으로는 학습자가 학습 자체를 괴롭고 싫은 것으로 인식하게 됩니다. 원격수업은 무서워서 하는 수업이 아닌, 즐거워서 참여하는 수업이 되어야 합니다.

02 실시간 토론 수업

실시간 화상수업에서도 토론이 가능합니다. 여러 번 강조하지만, 실시간 수업에서는 상호작용이 중요합니다. 그리고 수업과 직접적으로 관련 있는 상호작용을 하는 방법이 바로 토론입니다.

실시간 토론은 실제 얼굴을 맞대고 하는 토론과 가장 비슷한 형태입니다. 교육에서 실시간 토론은 반 전체가 동시에 할 수도 있고 소그룹으로 나누어 할 수도 있습니다.

1 전체 토론

전체 토론의 대표적 예는 학급회의입니다. 학급회의를 떠올려 보세요. 하

나의 주제에 대해 모든 학급 구성원이 함께 토론합니다. 전체 토론은 구성원 전체의 의견을 듣고 소통할 수 있다는 점이 장점입니다.

하지만 학급의 크기가 클수록 1인당 발언 시간이 줄어들어 만족스럽지 못한 토론을 하게 될 수 있습니다. 또한 발언을 하지 않고 수동적으로 구경만 하는 구성원이 생길 수 있습니다. 따라서 교수자가 적당히 중재해 가면서 토론을 리드하는 것이 좋습니다.

전체 토론 성공적으로 운영하기

- 모든 참여자가 카메라를 켜고 마이크는 끕니다. 발언할 사람만 마이크를 켜고 말합니다. 특히 교수자는 토론을 이끌어야 하므로 카메라 앞에 있어야 합니다.

- 전체 화면에 모든 참여자의 모습이 보이도록 화면을 바둑판식 배열(갤러리뷰)로 설정하게 합니다. 그래야 발언자가 듣는 사람들의 표정이나 동작 등을 보면서 발언에 대한 시각적인 피드백을 얻을 수 있습니다. 토론은 참여자들이 서로를 볼 수 있을 때 더욱 효과적으로 진행될 수 있습니다.

- 토론이 시작되기 전 교수자가 토론에 대한 기대 사항을 명시합니다. 기대 사항에는 토론에 할애할 총 시간과 끝나는 시간, 1인당 발언 시간, 최소 발언 횟수, 성적 반영 여부, 토론 매너, 채팅창 사용 여부, 카메라 끄지 않기 등이 있습니다.

- 다음 순서에 발언을 하고 싶은 사람은 손을 드는 등 시각적인 표시를 하게 합니다. 줌에 있는 손 들기 기능을 사용해도 좋습니다.

- 토론 주제를 화면상에 계속 띄워 놓습니다. 그러나 화면공유를 하기보다는 주제를 큰 글자로 프린트해서 토론 중재자나 교수자가 자

기 카메라 앞에 들고 있는 것을 추천합니다. 화면공유를 할 경우 참여자들의 화면을 바둑판식으로 배열할 수 없어서 모두의 얼굴을 한꺼번에 보기 어렵기 때문입니다. 아니면 채팅창에 토론 주제를 띄워 놓아도 괜찮습니다. 컴퓨터가 두 대라면 한 컴퓨터의 화면은 토론 중재자의 얼굴이 나오게 하고, 다른 컴퓨터의 화면은 토론 주제를 띄워 놓을 수도 있습니다. 이렇게 언제든 토론 주제를 볼 수 있게 해 놓으면 토론이 주제에서 벗어나지 않아 시간을 효율적으로 사용할 수 있습니다.

- 모든 참여자가 적어도 한 번씩은 발언할 수 있어야 합니다. 교수자는 누가 발언을 했는지 안 했는지 기록하여 아직 발언을 하지 않은 참여자들이 발언을 하도록 권유합니다.

- 토론이 지나치게 과열되거나 지나치게 조용할 경우 교수자가 적절히 중재합니다.

- 전체 토론은 참여자가 30명 이하일 때 가장 좋습니다.

- 사전에 토론 주제를 알려 주는 것이 더 효과적입니다.

TIP

토론 중재자 | 퍼실리테이터facilitator 혹은 모더레이터moderator라고도 합니다. 토론이 원활히 이루어지도록 가운데서 중재하는 역할을 합니다. 토론 중재자는 토론이 주제에서 벗어나지 않도록 돕고, 모두의 참여를 촉진하며, 아무도 소외되지 않게 발언 기회를 조정합니다. 또한 의견 불일치가 생겼을 때 이를 원만하게 해결해 주는 역할을 합니다. 이를 위해서 토론 중재자는 토론의 목적을 분명히 알고 있어야 하고, 토론 시간을 관리하는 타임키핑time keeping을 해 주어야 하며, 시작과 마무리를 잘해 주어야 합니다.

② 소그룹 토론

참여자가 30명 이상이거나, 좀 더 깊이 있는 토론이 필요하거나, 토론할 주제가 많다면 참여자들을 소그룹으로 나누어 토론하게 할 수 있습니다. 소그룹 토론의 장점은 깊이 있는 토론이 가능하며 1인당 발언 기회와 시간이 많다는 점입니다.

반면, 자신이 속하지 않은 다른 그룹의 토론 내용을 알 수 없고 교수자 역시 모든 그룹의 토론 내용을 들을 수 없다는 단점도 있습니다.

소그룹 토론 성공적으로 운영하기

- 하나의 소그룹은 2명 이상 10명 이하가 적절합니다.
- 토론에 대한 기대 사항을 사전에 명시합니다. 토론 주제는 무엇인지, 토론을 언제 시작하여 얼마 동안 할 것인지, 토론 중재자의 역할이 무엇인지, 토론 매너에는 어떤 것이 있는지, 토론 후 전체가 다시 모였을 때 무엇을 할 것인지 등에 대하여 명확히 설명합니다.
- 교수자가 모든 소그룹에 동시에 참여할 수 없으므로 각 소그룹별로

토론 중재자를 정해 주는 것이 좋습니다. 또한 교수자는 각 소그룹 토론에 잠깐씩 들어가 참관할 수 있습니다.

- 그룹별로 토론을 하면서 토론 내용을 간략히 정리하도록 권합니다.
- 소그룹 토론이 끝나기 5분 전부터 남은 시간을 알려 주는 전체 메시지를 보냅니다. 예를 들어 '토론 종료 5분 전', '토론 종료 2분 전', '토론 종료 1분 전'과 같이 토론이 곧 끝난다는 안내 메시지를 보냅니다. 이렇게 하면 참여자들이 시간에 맞춰 토론을 끝낼 수 있으며, 토론 내용을 정리할 기회를 줄 수 있습니다.
- 소그룹 토론이 끝난 후 전체가 다시 모여 각 그룹에서 어떤 발언이 오갔는지 혹은 각 그룹의 결론은 무엇인지 공유합니다. 그룹별로 토론 내용을 파워포인트로 정리한 뒤 화면공유를 통해 발표하거나 학교 LMS 게시판에 올리게 하는 것도 좋습니다.

3 북클럽 토론

― 오늘의 북클럽 순서 ―

1. "일주일 동안 어떻게 지냈니?" 등 서로의 안부를 물으며 인사합니다.
2. 이번 주의 책 《레미제라블》을 읽으며 어떤 생각을 했는지 이야기해 봅니다.
3. 《레미제라블》의 주요 사건들에 대해 이야기해 봅니다.
4. 《레미제라블》의 주요 캐릭터에 대해 토론해 봅니다. 어떤 가치관을 가진 사람이었나요? 어떤 결정을 했으며, 왜 그랬을까요? 그 결정은 어떤 결과를 가져왔나요? 여러분이라면 어떻게 했을까요?
5. 간식을 먹으며 자유롭게 이야기합니다.

북클럽 토론이란 모든 참여자들이 같은 책을 읽고 책에 대하여 토론하는 것입니다. 북클럽 토론은 2명 이상 10명 이하의 소그룹 토론으로 하는 것이 적절하며, 정기적으로 하는 것이 더 좋습니다.

북클럽 토론 성공적으로 운영하기

- 어젠다를 정하고 그대로 합니다. 어젠다는 수업의 순서, 시간, 토론 주제 등을 포함합니다.
- 경우에 따라 토론 주제를 사전에 줄 수 있습니다.

더 알아보기 ◀ **북클럽 토론 질문**

토론 질문이 있으면 북클럽 토론을 더욱 원활하게 진행할 수 있습니다. 토론 질문은 학생들의 수준과 관심사, 책의 내용에 따라 다르게 만듭니다. 혹은 학생들이 직접 토론 질문을 정하게 할 수도 있습니다. 아래는 북클럽 토론 질문의 예시입니다.

- 책의 저자에게 질문을 한다면 어떤 질문을 하고 싶은가?
- 책을 통해 배운 것은 무엇인가?
- 자신과 가장 비슷한 캐릭터는 누구인가? 그 이유는 무엇인가?
- 책에서 가장 좋아했던 캐릭터와 가장 싫어했던 캐릭터는 누구인가? 그 이유는 무엇인가?
- 책을 다 읽고 난 후 어떤 감정을 느꼈는가? (예) 슬픔, 기쁨, 만족감, 허무함)
- 가장 마음에 들었던 문장은 무엇인가? 그 이유는 무엇인가?
- 주인공은 왜 그런 선택을 해야 했는가? 당신이라면 어떻게 했겠는가?
- 책을 읽으며 떠오른 다른 책이나 영화, 음악, 미술작품, 사람 등이 있었는가?
- 책의 저자가 쓴 다른 책도 읽어 보고 싶은가? 그 이유는 무엇인가?
- 책의 캐릭터를 1명만 만나 볼 수 있다면 누구를 만나고 싶은가? 만나서 어떤 이야기를 하고 싶은가?
- 책의 표지에 대하여 어떻게 생각하는가?
- 책의 주요 사건이 각 캐릭터의 관점에서 어떻게 다르게 해석될 수 있는가?
- (논픽션 책의 경우) 새롭게 배우게 된 점은 무엇인가? 더 알고 싶은 내용은 무엇인가?

- 과자를 먹으며 토론하거나 토론 후 온라인으로 함께 과자를 먹는다면 더 즐거운 시간이 될 것입니다.
- 사기 편하고 읽기 쉬운 책으로 선정합니다. 절판되어 구하기 어려운 책, 너무 비싼 책, 지나치게 어려운 책 등은 접근성이 낮아서 북클럽 책으로 적절하지 않습니다. 성인 대상 북클럽은 책의 내용을 이해하는 것이 목적일 수 있지만, 초등학생 대상의 북클럽은 토론 그 자체가 목적입니다.
- 북클럽이 만날 날짜와 시간을 미리 정합니다. 책을 읽는 데 시간이 걸리기 때문에 참여자들에게 충분한 시간을 준 뒤 만날 수 있도록 합니다.
- 대학생이나 성인의 자발적 북클럽의 경우, 시간을 재고 토론을 조정할 토론 중재자를 사전에 정합니다.
- 다음번에 함께 읽을 책을 정하기 위해 온라인 설문을 사용할 수 있습니다.

TIP

북클럽 어젠다는 대상의 수준이나 학습 목표에 따라 다르게 설정할 수 있습니다. 아래는 북클럽 어젠다의 예시입니다.

- 초등 수준: ① 인사하기 ② 책에 대한 느낌이나 생각 이야기하기 ③ 토론 질문으로 토론하기 ④ 과자를 먹으며 비공식적 대화하기
- 대학생/성인 수준: ① 인사하기 ② 토론 질문으로 토론하기 ③ 복습하기 ④ 다음 북클럽 책 정하기

구글 스프레드시트를 활용한 소그룹 토론

소그룹 토론은 줌 수업을 할 때 무척 유용합니다. 전체 수업에서는 카메라를 꺼 놓고 참여하지 않던 학생들도, 소그룹 토론에서는 동료를 위해 카메라를 켜야 하고 말도 해야 하기 때문입니다. 동료 압박peer pressure이 긍정적으로 작용한다고 볼 수 있지요. 그래서 저는 줌의 소그룹 토론 기능을 자주 사용합니다.

그런데 줌에서 소그룹 토론을 할 경우 교수자가 각 소그룹 토론방에 들어가지 않는 한 토론 전반에 관한 사항을 모니터링하기 어려운 면이 있습니다. 토론을 제대로 하고 있는지, 아무 말도 안 하고 가만히 있는 것은 아닌지, 토론의 방향이 제대로 흘러가고 있는지 한 번에 확인하기가 어렵습니다. 그래서 저는 실시간 줌 수업을 하면서 여러 소그룹의 토론 내용을 한꺼번에 보기 위해 구글 스프레드시트를 활용합니다. 예를 들어 25명의 학생들을 5개의 소그룹으로 나누었다면, 하나의 스프레드시트 파일을 만들고 그 안에 5개의 탭을 만듭니다.

이렇게 만든 스프레드시트의 링크를 학생들에게 보내 줍니다. 학생들은 링크를 통해 파일에 접속하여 자기 그룹의 탭에 들어가 내용을 작성하고 수정하면서 토론 내용을 실시간으로 정리합니다. 그러한 활동은 모든 구성원들에게 공유되죠. 각 그룹에서 이루어지는 토론의 내용을 실시간으로 서로서로 볼 수 있는 것입니다. 교수자인 저도 토론이 전체적으로 어떻게 이루어지고 있는지 그 과정을 모니터링할 수 있고요. 저는 모니터링만 하지 않고 그때그때 필요한 피드백을 주기도 합니다. 구글 드로잉Google Drawings, 스크린캐스티파이Screencastify 등의 다른 툴도 함께 사용할 수 있습니다.

	A	B
1	활동2> A와 B에 해당될 수 있는 것을 3가지씩 만들어보기	
2	학습에 있어서의 장벽은 _A_이다; 학습을 위해서 필요한 변화는 __B_이어야 한다.	
3	A learning barrier might be __A__; a change made for learning might be __B___.	
4		
5	A	프린터(인쇄기)
6	B	듀얼모니터, 교수자의 다양한 매체 활용, 1가정 1프린터 보급
7		
8	A	온라인 수업상황에서의 분리된 공간의 부재
9	B	녹화수업, 마이크 달린 이어폰 구비(노이즈캔슬링)
10		
11	A	다문화가정 학생이 속한 학급 내 수업-> '언어'라는 장애
12	B	다양한 교수매체 활용, 평가방식의 다양화, 언어의 장벽에 도움되는 추가적 자료 제공
13		
14	그룹구성원:	♡김수영♡이해나♡신주원♡
15		

03 비실시간 토론 수업

토론은 비실시간으로도 할 수 있습니다. 비실시간 토론이란 참여자들이 한날한시에 모여서 토론하는 것이 아니라, 각자 자기가 정한 시간에 토론에 참여하는 방식입니다. 따라서 비실시간 토론은 주로 토론 게시판을 이용합니다. 비실시간 토론은 실시간 토론에 비해 다이내믹함은 떨어질 수 있지만, 학습자에게 연구하고 생각할 시간을 많이 준다는 점에서 상당히 유익합니다.

1 게시판 토론

게시판 토론은 원격수업뿐 아니라 직장, 온라인 커뮤니티, 대면수업 등 사회 곳곳에서 활용되어 온 토론 방식입니다. 게시판 토론의 가장 큰 장점은 학습자들이 생각하고 찾아보고 고민할 시간을 충분히 가질 수 있다는 점입니다.

쓰기라는 활동은 단순히 머릿속의 생각을 글로 옮겨 적는 행위가 아닙니다. 쓰기는 그 자체로 사고의 과정이며, 생각을 정리하는 도구입니다. 따라서 게시판 토론은 참여자들 간의 깊이 있는 토론과 깊이 있는 학습을 가능하게 하는 좋은 방법입니다.

게시판 토론 성공적으로 운영하기

- 토론에 대한 기대 사항을 사전에 명시합니다. 1인당 작성해야 하는 게시글이나 댓글의 정확한 개수를 알려 주는 것이 좋습니다. 예를 들면 "토론 주제마다 자신의 생각을 정리한 게시글을 1개 작성하고, 다른 사람의 게시글에 대한 댓글을 2개 이상 작성하세요."라는 식으로 분명하게 제시합니다. 또한 토론의 기본적인 매너와 성적 반영 여부에 대해서도 명확히 설명합니다.

- 작성하는 글의 질이 어떠해야 하는지에 대해서도 안내합니다. "동의합니다." 혹은 "좋은 의견이네요."처럼 단순한 반응보다는 질문, 동의, 반대, 추가 의견 등을 적되 그 이유를 구체적으로 설명하도록 합니다.

- 토론 주제는 유의미한 것이어야 합니다. 학습자들에게 의미가 없는 주제는 깊이 있는 토론으로 이어지기 어렵습니다. 교육 내용과 관련된 질문이면서도 학습자들의 삶과 관계가 있거나 정서적으로 공감할 수 있는 질문을 합니다. 과학이나 수학 토론이라면 학습자들이 호기심을 가질 수 있는 주제로 정합니다.

- 교수자는 토론 내용을 일일이 다 읽어 보아야 합니다. 학생들이 어떤 생각을 하는지, 잘못된 정보나 생각의 오류가 있는지, 토론이 지나치게 과열되고 있는 것은 아닌지 속속들이 알아야 하기 때문입니다. 잘못된 정보나 생각의 오류가 있을 경우 토론을 통해 자연적으로 교정이 되는 경우가 많으므로 기다려 보는 것이 좋습니다. 그러나 참여자 수가 적거나 다수의 참여자가 잘못된 정보나 생각을 갖고 있어서 교정이 안 된다면 교수자가 적절한 타이밍에 중재할 필요가 있습니다. 또한 교수자가 토론 내용을 읽는다는 사실을 학생들이

알면 더욱 진지하게 토론에 임할 것입니다.

- 게시판 토론에서 학생들이 주고받은 토론 내용을 수업 시간에 활용해 보세요. 자신의 토론이 수업에 반영된다는 것을 알 때, 학생들은 보다 능동적으로 토론에 참여합니다.

예시 게시판 토론

2 비디오 토론

비디오를 촬영하여 게시하는 방식으로 비실시간 토론을 할 수도 있습니다. 이러한 비디오 토론은 게시판 토론의 일종이지만, 글 대신 영상으로 한다는 점에서 차이가 있습니다. 비디오 토론은 실시간 토론보다는 정적이나 글로 하는 토론보다는 다이내믹합니다.

비디오 토론은 발표나 스피치에 가까워서 학습자가 자신의 의견이나 생각을 조리 있게 말하는 훈련을 할 수 있다는 장점이 있습니다. 또한 비주얼한 자료를 사용할 수 있기 때문에 파워포인트나 통계자료 등을 화면에 보여 주면서 자신의 주장을 설득력 있게 전개하는 연습을 할 수 있습니다. 참여자들끼리 친밀감을 느끼게 된다는 점 또한 장점입니다.

비디오 토론에서는 교수자가 토론 주제를 비디오로 줌으로써 가장 먼저 비디오를 게시할 수 있고, 피드백 역시 비디오로 줄 수 있습니다. 앞서 소개한 플립그리드 ▶▶p.108 는 비디오 토론을 하기에 최적화된 플랫폼입니다.

비디오 토론 성공적으로 운영하기

- 토론에 대해 교수자가 갖고 있는 기대치를 구체적이고 정확하게 명시합니다. 비디오는 몇 분 이내로 찍어야 하는지, 다른 사람의 의견에 대해 어떤 식으로 반응해야 하는지(예 비디오로 찍어 올리기, 텍스트로 작성하기, 이모지 달기, 좋아요 누르기 등), 토론의 기본 매너는 무엇인지 등에 대해 설명합니다.
- 교수자는 비디오와 텍스트 두 가지 방식을 모두 사용하여 토론 주제를 알려 주는 것이 좋습니다.
- 업로드하는 비디오에 시간제한을 두는 것이 좋습니다. 짧을수록 핵심 위주의 발표가 되기 때문에 학습자에게도 프레젠테이션을 훈련할 좋은 기회가 됩니다.
- 비디오 토론은 글이 아닌 영상입니다. 그 특성을 살려 시각적으로 보여 줄 수 있는 자료를 활용하기를 학생들에게 권장합니다.
- 비디오 토론에서는 해야 할 주장이나 발언을 미리 완성된 글로 써 두거나 적어도 개요 정도는 작성해 놓고 하는 것이 좋습니다. 또한 발표를 위한 말하기와 비디오 툴 사용에 대한 학습이 사전에 되어 있어야 합니다.

3 문자 토론

문자 토론은 말로 하는 실시간 토론과 글로 하는 비실시간 토론의 혼합적 방법입니다. 그래서 그 둘의 장점을 모두 갖고 있습니다. 말처럼 즉시적이어서 다이내믹한 토론이 가능한 동시에, 글이기 때문에 말보다는 조금 더 깊이 생각하고 의견을 표현할 수 있습니다. 단점은 흐름을 정리하기 어려워서 산만해질 수 있으며 지나간 글을 읽으려면 직접 스크롤을 해서 찾아야 한다는 것입니다.

문자 토론은 전체 학생이 동시에 접속하여 할 수도 있고, 몇 명씩 채팅방을 따로 꾸려 진행할 수도 있습니다. 다만, 전체 학생이 토론을 하더라도 학습을 위해서는 실시간 토론과 마찬가지로 30명 이하의 인원으로 진행하는 것이 적절합니다.

앞서 단체 채팅방을 이용한 원격수업 ▶▶p.129 은 웬만하면 하지 않는 것이 좋다고 설명했습니다. 교수자 혼자 떠드는 일방적인 수업이 되기 쉽다는 이유였습니다. 하지만 단체 채팅방을 토론방으로 활용하는 것은 괜찮습니다. 토론이라는 행위 자체가 대화의 주도권을 참여자들에게 넘기는 것이기 때문에, 수업과는 달리 채팅방에서도 활발한 참여가 가능합니다. 실제로 단체 채팅방은 일상생활에서 토론방으로 활용되고 있습니다.

문자 토론 성공적으로 운영하기

- 다른 토론과 마찬가지로, 토론에 대한 기대 사항을 명시합니다. 성적 반영 여부, 1인당 최소 발언 횟수, 토론방 에티켓, 채팅방 알림 해제 방법 등에 대하여 구체적으로 설명합니다. 특히 채팅방에서 이루어지는 토론이라 하더라도, 공식적인 수업 활동이므로 서로 존

칭을 쓰고 존중하는 태도를 유지해야 한다고 강조합니다.

- 토론이 시작하고 끝나는 시간을 정확히 알려 줍니다. 학생들이 충분히 생각하고 참여할 수 있도록 최소 2~3시간, 가능하다면 며칠 정도 시간 여유를 주는 것이 좋습니다.

- 단톡방에서는 사진, 영상 등의 자료를 비교적 자유롭게 사용할 수 있습니다. 이러한 특성을 잘 활용하도록 안내해 주세요.

- 게시판 토론과 마찬가지로, 교수자는 모든 토론 내용을 모니터링하고 있어야 합니다. 또한 학생들이 토론한 내용을 본 수업 시간에 다루도록 합니다.

예시 **문자 토론**

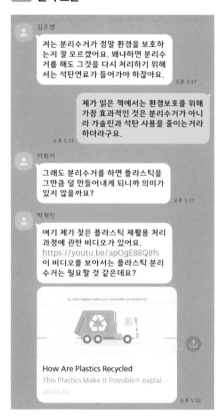

카카오톡을 활용한 글쓰기 수업

저는 수업의 마무리 활동으로 학생들에게 과제를 내고 이를 학급 카카오톡 단체 채팅방에 제출하게 합니다. 다음은 각자 시 쓰기 과제를 한 후 채팅방에 올리고, 음성 메시지를 활용하여 토론 형식으로 서로 피드백을 준 수업 예시입니다.

학생들의 과제물이 모이면 '학급 온라인 전시회'를 열고 다음 차시 수업 자료로 활용합니다. 학생들은 이 온라인 전시회를 통해 서로의 작품을 감상하고 공유하며, 실시간으로 댓글을 달면서 감상과 소감을 나눕니다. 다른 친구들이 만든 작품을 모두 볼 수 있어서 학생들에게 의미가 있는 과제입니다.

04 협력적 발표 수업의 중요성

여러분도 학교 다닐 때 발표 수업을 많이 해 보았을 것입니다. 직장인이라면 프레젠테이션의 중요성도 아시겠지요. 발표 수업은 학습자 주도의 깊은 학습을 유도합니다. 발표를 하려면 학습자가 자신이 공부한 내용을 완전히 이해한 후 자신의 언어로 바꾸어 말해야 하기 때문입니다. 듣는 사람의 입장을 고려하여 내용을 구상하고 용어를 선택해야 하기도 하고요. 또한 실제 발표를 할 때에는 말하는 속도를 청중에 맞게 조절해야 합니다. 이처럼 토론을 준비하고 실행하는 과정은 학교뿐만 아니라 이후의 직업 세계에서도 유용하게 사용할 수 있는 기술을 습득하는 좋은 훈련이 됩니다.

발표 수업은 학습자로 하여금 지식을 모으고 정리하고 연구하여 새로운 지식을 창출하게 합니다. 학습자가 지식과 콘텐츠를 생산하는 경험을 할 수 있는 것이죠. 이러한 발표 수업은 초등학교부터 대학원까지 전 수준에 걸쳐 활용되는 수업 방식이지만, 인강식 원격수업에서는 하기 어렵습니다. 인강은 학습자에게 생산자가 될 기회를 주지 않기 때문입니다.

수업에서 파워포인트를 누가 많이 사용하는지 살펴보면 그 수업의 주도권이 누구에게 있는지를 알 수 있습니다. 교수자가 파워포인트를 주로 사용한다면 그 수업은 교사 주도적인 수업일 것입니다. 학생 주도적이고 상호작용적이며 학습자 참여가 주가 되는 수업에서는 학생들이 파워포인트를 가장 많이 사용하게 되어 있습니다. 대학원 수업을 생각해 보세요. 대학원 수업, 특히 세미나 수업에서는 주로 학생들이 읽고 조사하고 연구하며 발표하는 데 파워포인트를 사용합니다.

원격수업에서도 얼마든지 발표 수업을 할 수 있습니다. 실시간 화상수업을 통해서 할 수도 있고, 비실시간으로 녹화를 해서 할 수도 있고, 과제 제시형으로 할 수도 있습니다. 그러나 안 그래도 외로운 원격수업 환경에서, 발표를 처음부터 끝까지 학생 혼자서 준비한다면 편할 수는 있겠지만 더욱 외로울 것입니다. 따라서 여기서는 원격수업에서 협력적으로 발표 수업을 할 수 있는 방법을 소개하고자 합니다.

협력적 발표 수업이란 학습자들이 소그룹으로 협력하여 발표 내용을 준비하고 직접 발표하는 수업을 의미합니다. 협력적 발표 수업은 학습자 간 상호작용을 극대화합니다. 나아가 인지적·사회적 학습, 사회성, 자아 존중감, 스트레스 대처 능력 등에도 긍정적 영향을 미치는 것으로 보고되고 있습니다.

05 협력적 발표를 위한 구글 프레젠테이션 사용법

협력적 발표 수업은 크게 두 단계로 구성됩니다. 첫 번째는 그룹원이 함께 발표 자료를 만드는 것이고, 두 번째는 실제로 발표를 하는 것입니다.

원격수업에서 어떻게 발표 자료를 함께 만들까요? 프레젠테이션 자료를 만들 수 있는 툴은 파워포인트, 한쇼 등 다양하지만, 여기서는 여러 사람이 함께 작업할 수 있는 클라우드 기반의 구글 프레젠테이션을 이용하는 방법을 알아보겠습니다. 구글 프레젠테이션은 MS 파워포인트의 구글 버전이라고 보시면 됩니다. 무료이고 사용법이 쉬워 협력적 프레젠테이션을 만드는 툴로 가장 많이 사용되는 프로그램입니다.

01 구글 드라이브에 접속하여 로그인합니다. 왼쪽 메뉴에서 차례대로 '새로 만들기 → Google 프레젠테이션 → 빈 프레젠테이션'을 선택합니다.

02 그러면 새로운 프레젠테이션이 열립니다.

03 그룹원 수만큼 빈 슬라이드를 추가합니다. 상단 메뉴의 '슬라이드 → 새 슬라이드'를 누르면 됩니다.

04 공유 옵션을 설정합니다. 우선 화면 오른쪽의 '공유' 버튼을 누릅니다.

05 공유 이전 이름을 지정하는 창이 뜹니다. 소그룹을 구분할 수 있도록 각 그룹의 이름이나 번호를 쓰면 좋습니다.

06 공개 범위를 '링크 보기 → 링크가 있는 모든 사용자에게 공개'로 설정하고, 권한을 '편집자'로 설정합니다.

 이렇게 슬라이드를 만들었다면, 이제 학생들 차례입니다. 학생들은 토론을 통해 발표 주제를 정하고 내용을 어떻게 구성할지 브레인스토밍합니다. 그 후 각자 한 코너씩 맡아 개별적으로 조사하고, 조사한 내용을 구글 프레젠테이션의 자기 슬라이드에 정리합니다. 클라우드 기반이라 슬라이드에 글을 쓰면 다른 학생들이 작업하는 내용을 실시간으로 볼 수 있습니다. 동시에 작업을 해도 좋고, 각자 편한 시간에 작업을 해도 괜찮습니다. 서로의 슬라이드를 봐 주며 오타나 잘못된 정보 등을 수정하고 편집해 줍니다.

이렇게 협력적으로 자료를 준비했다면 다음은 발표하기입니다. 원격 수업에서 발표는 어떻게 협력적으로 할 수 있을까요?

01 슬라이드마다 그것을 만든 학생의 목소리로 발표 내용을 녹음합니다. 슬라이드를 넘길 때마다 녹음 파일이 자동으로 재생되도록 설정한 후, 프레젠테이션 파일을 학급 전체와 공유합니다.

02 실시간 화상회의 플랫폼에 모여 그룹별로 돌아가며 발표합니다.

구글 프레젠테이션을 이용한 협력적 발표 수업은 비실시간 수업에서 과제 제시형 수업으로 하는 것이 적절합니다. 또한 대면으로 만날 수 있는 상황이라면 블렌디드 러닝으로 사용하기에 탁월한 방법입니다.

협력적 발표 수업이 어려워 보일 수 있지만, 미국의 경우 초등학교 3학년부터 학교 수업에서 구글 프레젠테이션을 일상적으로 사용하고 있습니다. 구글 프레젠테이션이 생소하다면 슬라이드에 간단한 문장을 하나씩 써넣는 것부터 시작해 볼 수 있습니다.

예시 **구글 프레젠테이션을 활용한 협력적 발표 슬라이드**

진로교육 블렌디드 수업

저는 1년 동안 진로교육 프로젝트를 진행했던 경험을 공유하려 해요. 전통적으로 진로교육 영역은 각 담임교사가 개별적으로 작성하는 영역이었습니다. 이를 담임교사와 진로교사가 협력하여 동일한 진로 프로젝트를 설계하고 실행하는 방식으로 진행해 보았어요. 프로젝트의 초점은 '각자의 희망 진로 목표를 자기주도적으로 구체화'하는 것이었답니다.

진로교육 프로젝트는 블렌디드 러닝의 형태로 설계했습니다. 우선 원격수업에서는 진로에 관해 학생들끼리 이야기를 나누는 시간을 가지도록 했어요. 담임교사가 학생들의 희망 진로를 조사하고 그에 따라 그룹을 나눈 뒤, 그룹별로 해당 진로에 관해 자유롭게 토론했지요. 수업 시간을 따로 확보하는 대신, 매일 아침 담임교사가 진행하는 조회 시간을 활용하였습니다. 토론은 줌의 '소회의실' 기능을 사용하여 소그룹으로 진행했어요.

대면수업에서는 진로교사가 학생들의 진로를 컨설팅하였습니다. 이는 한 번의 수업으로 끝나는 것이 아니었습니다. 자신의 꿈을 이루기 위해 'Why(원인)', 'How(과정)', 'What(결과)'에 대한 답을 만들어 가는 1년간의 프로젝트였죠.

01 Why: 자신이 왜 해당 직업을 희망하게 되었는지 탐구합니다.
02 How: 그룹별로 자신의 적성검사 결과, 희망 대학과 전공, 롤모델 등에 대하여 액션리서치를 합니다.
03 What: 1년 동안의 진로 프로젝트 여정을 담은 자기 보고서를 파워포인트로 만들어 제출합니다.

학생들은 이 진로교육 프로젝트를 통해 희망 직업을 탐구하고 해결 방법을 모색하며 그 과정을 기록해 보는 기회를 가졌습니다. 그러면서 자신의 진로를 주도적으로 구체화할 수 있었습니다.

06 협력적 발표 프로젝트 아이디어

1 주제 발표하기

그룹별로 주제에 대한 내용을 조사하고 작성하여 발표하는 프로젝트입니다. 우선, 그룹별로 주제를 선정합니다. 교수자가 여러 개의 주제를 제시하여 그중 하나를 선택하게 해도 되고, 그룹별로 토론하여 자율적으로 주제를 정해도 됩니다. 교육 목표에 맞는 방법으로 선택하되, 나이가 어린 학생들일수록 제한된 주제 내에서 선택하게 하는 것이 효과적입니다.

주제를 확정한 뒤에는 그룹별로 토론을 통해 발표할 내용의 개요를 짭니다. 그런 다음 일단 소제목 개수만큼 슬라이드를 만들고, 슬라이드마다 소제목을 씁니다. 각 그룹원이 하나의 소제목을 담당하여 내용을 작성합니다. 자신이 담당한 부분의 내용을 작성하다가 공간이 더 필요하면 슬라이드 수를 늘려도 됩니다. 다른 사람의 슬라이드를 보며 오타, 비문 등을 수정해 줄 수 있습니다.

예시 **그룹원이 하나씩 담당할 소제목이 적힌 슬라이드**

② 한 차시의 온라인수업 만들기

주제 발표하기와 비슷하나 단순히 발표용이 아닌, 청중의 인지적·행동적 참여를 끌어내는 온라인수업용 프레젠테이션을 만드는 프로젝트입니다. 이 프로젝트에서는 인강식 수업이 아니라 상호작용적 수업을 설계해야 한다는 점을 학생들에게 미리 안내해 줍니다.

우선, 학급 전체 수업에서 온라인수업의 다양한 요소에 대해 알아봅니다. 호기심 유발, 문제 제기, 지식 전달, 이해, 토론, 문제 해결, 퀴즈 등의 수업 요소들을 짚어 가며 토론합니다. 그 후 수업을 설계하는 방법에 대해 간단히 공부합니다.

학생들이 온라인수업의 구성과 진행을 이해했다면, 소그룹별로 서로 다른 주제를 선정하여 수업을 제작해 보게 합니다. 이렇게 완성한 온라인수업을 학급 전체와 공유하세요. 학생들이 만든 프레젠테이션으로 실제 온라인수업을 해 보는 것도 의미 있는 경험이 됩니다.

예시 **상호작용적 온라인수업 프레젠테이션**

3 인터랙티브한 e북 만들기

교과서의 내용이나 학습 내용을 구글 프레젠테이션을 이용해 인터랙티브한 e북으로 만드는 프로젝트입니다. 인터랙티브한 콘텐츠란 상호작용적이며 경험적인 자극이 있는 콘텐츠를 의미합니다. 클릭할 때 반응하는 애니메이션을 넣거나, 내용을 퀴즈화·게임화하거나, 사운드 또는 비주얼 효과 등을 삽입하여 구현할 수 있습니다. 인터랙티브한 콘텐츠는 학습자를 몰입시켜 더 효과적으로 학습하도록 도와줍니다.

e북이 프레젠테이션 자료와 다른 점은 글이 더 많다는 것입니다. e북에서 각각의 슬라이드는 발표를 할 때 사용하는 보조 자료가 아닌, 독자가 눈으로 읽어야 할 주 자료입니다. 저자가 말하고자 하는 내용이 충분히 표현되어야 하다 보니 글이 많아지는 것이지요.

먼저 소그룹별로 책의 주제를 정한 후, 토론과 협의를 거쳐 책의 구성, 줄거리, 목차, 내용, 스타일, 난이도 등을 정합니다. 그룹원들이 분업을 해서 한 권의 e북을 만듭니다. 한 사람이 한 장면(슬라이드)을 맡을 수도 있고, 여러 명이 하나의 챕터를 공동으로 담당할 수도 있습니다. 혹은 실제 세계에서 하는 것처럼 글과 그림, 편집, 인터랙티브 UX를 각자 나누어 담당해도 좋습니다.

예시 '자유'라는 주제로 만든 인터랙티브한 e북

④ 과학 현상을 애니메이션으로 만들기

슬라이드 자동 넘어가기 기능을 이용해 과학 현상을 비주얼하게 보여 주는 프레젠테이션을 만드는 프로젝트입니다. 그룹별로 어떤 과학 현상을 다뤄 보고 싶은지 토론하여 정하고, 그 현상을 어떻게 표현할지 의견을 모읍니다. 그 후 협력적으로 프레젠테이션을 제작합니다.

예시 **슬라이드가 넘어가면서 과학 현상을 애니메이션으로 보여 주는 프레젠테이션**

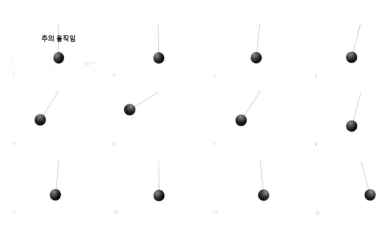

과학 애니메이션 ppt 예시

더 알아보기 **구글 프레젠테이션에서 자동 넘어가기 기능 설정하기**

구글 프레젠테이션에서는 슬라이드 쇼를 볼 때 마우스를 클릭하지 않아도 일정한 시간이 지나면 자동으로 슬라이드를 전환해 주는 기능이 있습니다. 이 기능은 간단히 설정할 수 있는데요. 우선 만들고자 하는 자료를 완성한 후, 상단 메뉴에서 '파일 → 웹에 게시'를 선택합니다. 그러면 오른쪽 그림과 같은 창이 뜹니다. 여기에서 원하는 자동 진행 시간을 설정하면 됩니다. 최소 시간은 1초, 최대 시간은 1분입니다.

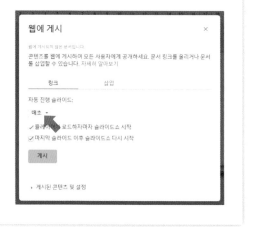

5 자기소개 만들기

아직 학습자들끼리 서로 잘 모르는 학기 초에 하기 좋은 프로젝트입니다. 교수자는 구글 프레젠테이션에서 학생 수만큼 슬라이드를 만들고, 각 슬라이드의 구석에 학생의 이름을 작게 써 놓습니다. 중·고등학생 이상의 학습자는 자유롭게 자기 자신을 소개하도록 하고, 그보다 어린 학습자에게는 템플릿을 주는 것이 좋습니다.

학생들은 사진, 동영상, 글 등 다양한 자료를 활용하여 자신을 소개할 수 있습니다. 모든 학생이 자기소개를 완성하면 다른 친구들의 소개도 살펴보도록 안내하거나 전체 수업 시간에 함께 읽어 봅니다.

예시 **자신의 이름이 적힌 슬라이드에 각자 자기소개를 한 프레젠테이션**

자기소개 ppt 예시

6 북클럽 프레젠테이션

구글 프레젠테이션으로 북클럽 활동을 하는 프로젝트입니다. 방법은 두 가지가 있습니다. 첫 번째는 모든 학생이 같은 책을 읽되, 각자 다른 토론 주제에 대해 답을 쓰는 방법입니다. 교수자가 구글 프레젠테이션을 만들고 학생 수만큼 슬라이드를 생성합니다. 그 후 슬라이드마다 각기 다른 질문을 적고, 학생들이 질문 하나씩을 골라 해당 슬라이드를 채우게 합니다. 프레젠테이션이 완성되면 책 한 권에 대한 여러 사람의 깊이 있는 생각과 의견이 정리된, 그 자체로 의미 있는 하나의 결과물이 만들어지게 됩니다.

두 번째 방법은 모든 학생이 서로 다른 책을 읽는 것입니다. 살면서 가장 감명 깊었던 책도 좋고, 가장 최근에 읽은 책이어도 됩니다. 혹은 방학 동안 읽은 책으로 한정해도 좋습니다. 첫 번째 방법과 마찬가지로 교수자가 학생 수대로 슬라이드를 만들고, 각 슬라이드에 자신이 읽은 책에 대한 소개를 채워 넣게 합니다.

어떤 방법을 사용하든, 슬라이드에 넣을 내용의 가이드라인을 제시해 주면 도움이 됩니다.

예시 **서로 다른 책을 읽고 각자 생각과 의견을 정리한 프레젠테이션**

북클럽 ppt 예시

⑦ 오디오북 만들기

그룹별로 짧은 이야기를 쓰고, 그림을 그려 넣고, 그 위에 소리를 입혀 한 편의 오디오북을 만드는 프로젝트입니다. 오디오북이 낯선 학생들도 있으므로 직접 만들어 보기 전에 오디오북 자체에 대해 이야기를 나누는 시간을 가져 보세요. 예를 들어 오디오북의 유용성에 대해 자유롭게 토론한 뒤, 어떻게 하면 더 좋은 오디오북을 만들 수 있을지 논의하면 학생들이 보다 즐겁게 활동할 수 있습니다.

더 알아보기 ◤ **실시간 수업에서 협력적 발표 수업하기**   — ☐ ✕

실시간 수업에서도 다음과 같은 방법으로 협력적 발표 수업을 할 수 있습니다.

<u>01</u> 학급 전체가 실시간 화상회의 플랫폼을 통해 모입니다. 전체 학생을 대상으로 필요한 강의나 토론 등의 활동을 합니다.

<u>02</u> 학생들을 소그룹으로 나누고, 각 그룹이 별도의 온라인 토론방을 개설하게 합니다. 일회성 프로젝트라면 무작위로 그룹을 나누어도 무방합니다.

<u>03</u> 그룹별로 주제에 대해 토론하고, 그 내용을 정리합니다.

<u>04</u> 정리한 내용을 바탕으로 그룹원 중 1명이 발표 자료를 만듭니다. 파워포인트나 구글 프레젠테이션을 이용하여 만들면 됩니다.

<u>05</u> 다시 학급 전체가 모인 후, 그룹별로 돌아가면서 발표합니다. 시간이 부족하다면 만든 발표 자료를 게시판에 올리는 것으로 발표를 대신합니다.

07 협력적 글쓰기 수업의 중요성

협력적 글쓰기는 2명 이상이 함께 하나의 글을 쓰는 활동입니다. 학교에서는 자주 하지 않지만 실제 직업 세계에서는 흔히 사용되는 쓰기 전략이지요. 예를 들어 논문은 여러 명이 공동 저자가 되어 함께 쓰는 일이 빈번합니다. 이슈를 심층 분석하는 신문 기사도 2~3명의 기자가 함께 쓰곤 합니다. 드라마나 영화도 여러 명의 작가가 협력하여 대본을 씁니다. 아이디어를 함께 내는 것, 편집을 서로 도와주는 것, 심지어 다른 시대에 활동한 사람의 글을 수정하거나 추가하는 것도 협력적인 글쓰기의 범주 안에 들어갈 수 있습니다.

협력적 글쓰기는 글을 개인적 범주에서 공공의 범주로 확장시킵니다. 글이 공공의 범주로 확장되면 자기 표현을 넘어 커뮤니케이션의 기능이 중요해집니다. 학생들은 다른 사람과 함께 글을 쓰고 읽으면서 자신의 글이나 생각을 여러 사람의 관점에서 보는 경험을 하게 됩니다. 비판적 사고력도 향상되지요.

학생들은 글쓰기 과제를 할 때 선생님에게 보여 주기 위해서, 좋은 성적을 받기 위해서 글을 쓰는 경향이 있습니다. 하지만 협력적 글쓰기는 학생들의 눈을 돌려 독자를 위한 글을 쓰게 합니다. 그러면서 결과적으로 글의 질이 올라가게 됩니다. 뿐만 아니라, 연구에 의하면 협력적 글쓰기는 추상적 사고를 훈련시키고 융합적 사고를 촉진시키는 효과가 있다고 합니다.

그렇다면 협력적 글쓰기는 어떻게 할까요? 여기서는 두 가지 툴을 소개하고자 합니다. 하나는 본격적인 글쓰기에 앞서 협력적으로 브레인스토밍을 할 수 있는 툴인 패들렛입니다. 학생들은 패들렛에서 브레인스토밍을 하면서 글쓰기를 위한 아이디어를 함께 구상할 수 있습니다.

다른 하나는 구글 문서입니다. 협력적 브레인스토밍을 한 후 글의 구성과 각자 맡을 역할이 결정되면, 구글 문서를 사용하여 협력적 글쓰기를 합니다.

패들렛은 칠판에 포스트잇을 붙이듯 화면 위에 메모를 게시해 공유하는 프로그램으로, 학습자와 교수자가 협력할 수 있는 무료 플랫폼입니다.

01 패들렛에 접속하여 회원가입 절차를 마친 후 로그인합니다. 왼쪽 상단에서 `+ PADLET 만들기` 라는 버튼을 클릭합니다.

02 다음과 같은 옵션 중 하나를 선택합니다. 브레인스토밍을 할 때는 자유롭게 노트를 붙일 수 있는 '캔버스'를 선택하는 것이 좋습니다.

03 빈 담벼락이 나타나면 먼저 담벼락을 학습자 그룹과 공유합니다. 공유를 하기 위해서는 오른쪽 상단의 '공유' 아이콘을 클릭합니다.

04 그러면 다음과 같은 공유 옵션이 나타납니다. 여기서 '프라이버시 변경'을 누릅니다.

05 프라이버시 옵션을 '공개' 혹은 '비밀'로 변경합니다. 공개는 누구나 다 볼 수 있는 옵션이고, 비밀은 링크를 받은 사람만 볼 수 있는 옵션입니다. 이후 하단의 '방문자 권한'을 '편집 가능'으로 선택합니다. 이제 모든 학생들이 함께 작업할 수 있습니다. 설정을 저장하고 나옵니다.

06 다시 담벼락으로 돌아와서 가운데
빈 공간을 두 번 클릭합니다. 그림
처럼 포스트잇 같은 작은 노트가 나
타나면, 이곳에 브레인스토밍 아이
디어를 적습니다.

07 그림이나 파일을 올리고 싶다면 노트 하단의 ⬆ 아이콘을 클릭합니다. 그러면
다음과 같이 오른쪽에 '파일' 창이 뜹니다. '파일 선택' 버튼을 눌러 내 컴퓨터에
서 파일을 찾아 업로드합니다.

08 링크를 넣고 싶다면 노트 하단의
🔗 아이콘을 클릭합니다. 다음과
같이 'URL 입력' 창이 뜨면 원하는
URL을 입력합니다.

다음은 패들렛을 활용하여 여러 사람이 함께 브레인스토밍한 결과입니다. 화면상의 노트들은 자유롭게 움직일 수 있습니다. 분야별로 그룹을 지어 묶어 놓아도 되고, 순서대로 일렬로 늘어 놓아도 됩니다.

예시 **패들렛을 활용한 브레인스토밍**

패들렛을 이용한 스토리 만들기

저는 스크린라이팅, 쉽게 말하면 시나리오를 쓰는 수업을 강의하고 있어요. 이 수업에서 학생들은 한 학기 동안 하나의 시나리오를 창작하고 다듬어 간답니다. 저는 학생들에게 시나리오를 본격적으로 쓰기 전에, '내 스토리의 주요 아이디어를 흥미로운 영상물로 제작하여 피칭하기!' 과제를 내 줍니다. 과제는 패들렛을 활용하여 공유하도록 하고요.

과제의 기본 원칙은 '내 스토리를 가장 매력적으로 표현하기'예요. 학생들은 이 원칙을 염두에 두고 자신이 구상하는 스토리에 관해 5분 내외의 영상물을 만들어 패들렛에 포스팅합니다. 또한 자기 과제를 올리는 데 그치지 않고, 다른 동료의 영상물을 보면서 서로 피드백을 해 줍니다.

이 과제는 모든 과정이 100% 학생들의 고민과 참여로 이루어집니다. 학생들은 과제를 하면서 스토리라이팅, 비디오 제작, 발표, 피드백이라는 다양한 활동을 자연스럽게 경험할 수 있습니다.

09 협력적 글쓰기를 위한 구글 문서 사용법

브레인스토밍이 끝났다면 이제 구글 문서를 이용하여 협력적 글쓰기를 하는 방법을 알아보겠습니다.

구글 문서는 구글 프레젠테이션과 유사하지만 글쓰기에 더 적합한 툴입니다. 구글 문서는 MS 워드의 구글 버전이며 무료이고 클라우드 기반의 서비스입니다.

01 구글 드라이브에 접속하여 로그인합니다. 왼쪽 메뉴에서 차례대로 '새로 만들기 → Google 문서 → 템플릿'을 선택합니다.

02 여러 템플릿 중 적절한 템플릿을 고릅니다. 템플릿을 사용하지 않으려면 왼쪽의 '내용 없음' 문서를 클릭하시면 됩니다.

03 그러면 새로운 문서가 열립니다. 우선 공유 옵션을 설정하기 위해 화면 오른쪽의 '공유' 버튼을 누릅니다.

04 공유 이전 이름을 지정하는 창이 뜹니다. 소그룹을 구분할 수 있도록 각 그룹의 이름이나 번호를 쓰면 좋습니다.

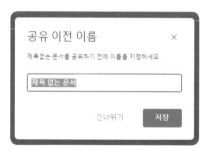

05 공개 범위를 '링크 보기 → 링크가 있는 모든 사용자에게 공개'로 설정하고,
권한을 '편집자'로 설정합니다.

06 소그룹 수만큼 문서를 만듭니다.

이제 학생들이 자신이 속한 소그룹 문서의 링크를 타고 들어와 글쓰기
를 하면 됩니다. 동시에 작업을 해도 좋고, 각자 편한 시간에 작업을 해도
괜찮습니다. 구글 문서에서는 누가 어느 부분을 썼는지가 자동으로 표시
됩니다.

예시 **구글 문서를 활용한 협력적 글쓰기**

협력적 글쓰기 프로젝트 아이디어

 역사 신문 만들기

구글 문서 템플릿을 이용하여 협력적으로 역사 신문을 만들어 봅니다. 신문 모양의 기본 템플릿을 주고 소그룹별로 협력하게 합니다.

먼저, 어느 시대 신문을 만들지 토론을 통해 결정합니다. 이후 각자 맡을 섹션을 정하고 내용을 상상하여 신문 글을 씁니다. 실제 신문 구성을 보면 기사 외에도 광고, 결혼/사망 알림란, 일기예보 등 다양한 코너가 있습니다. 이를 참고하여 다채로운 내용의 신문을 만들어 보도록 안내합니다.

예시 **역사 신문 템플릿**

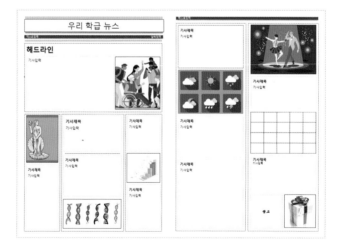

역사 신문 템플릿 예시

② 협력적 소설 쓰기

소설도 협력적으로 쓸 수 있습니다. 이 활동은 전체 학급 프로젝트로 할 수도 있고, 소그룹 프로젝트로 할 수도 있습니다.

협력적 소설 쓰기는 한 사람이 먼저 소설의 처음 부분을 쓴 뒤, 다음 사람이 그 뒤를 이어 쓰고, 또 그다음 사람이 내용을 이어가는 방식으로 씁니다.

본격적으로 소설을 쓰기 전에 인물과 배경을 어느 정도 합의하고 시작하는 것이 좋습니다. 이 프로젝트는 창의적 글쓰기에 대해 사전에 충분히 배운 상태에서 실행해야 효과가 있습니다.

단순히 글만 쓰는 것이 아니라 이야기를 상상해 내는 데 도움이 되는 상징, 그림, 아이템, 지도 등을 활용할 수 있습니다. 내용에 어울리는 삽화를 넣을 수도 있지요. 그룹원 중 그림을 잘 그리는 학생이 있다면 직접 그린 그림을 넣고, 그렇지 않다면 온라인에서 무료로 사용할 수 있는 그림을 삽화로 사용합니다.

예시 **구글 프레젠테이션을 활용한 협력적 소설 쓰기**

협력적 소설 쓰기 예시

3 협력적 시 쓰기

협력적 소설 쓰기처럼 협력적 시 쓰기도 가능합니다. 협력적 시 쓰기 역시 전체 학급 대상의 프로젝트로 할 수도 있고, 소그룹 프로젝트로 할 수도 있습니다. 자유롭게 주제를 정해서 쓰게 해도 좋고, '푸른색이란', '사랑이란', '행복이란', '어쩌면', '그때 알았더라면', '내가 만약' 등 주제어를 주고 쓰게 하는 것도 괜찮습니다. 아니면 단어를 주고 그 단어로 시작하는 시를 쓰게 할 수도 있습니다.

4 학급 신문 / 지역사회 신문 만들기

만드는 것이 신문이라는 점에서 역사 신문 만들기와 비슷하나, 역사 신문이 사실과 상상을 섞어 쓴 글이라면 학급 신문이나 지역사회 신문은 사실에 기반한 논픽션 글쓰기입니다.

주어진 템플릿에 그룹원이 각자 뉴스거리를 취재하여 써넣습니다. 실제 기자들의 작업 절차를 먼저 공부하고 프로젝트를 시작하면 더 효율적이고 전문적으로 글을 쓸 수 있을 것입니다. 실제 신문처럼 사진이나 광고 등도 넣어 보도록 학생들에게 권유합니다.

이 프로젝트는 사회과 수업이나 진로교육에서도 활용할 수 있습니다. 또한 사실에 근거한 뉴스이므로 신문이 완성된 뒤에는 학급이나 지역사회와 공유할 수 있습니다.

5 과학 보고서 쓰기

과학 보고서를 협력적으로 작성하는 프로젝트입니다. 이 프로젝트는 블렌디드 러닝으로 활용하기 좋습니다. 오프라인 교실에서 각자 혹은 그룹별로 과학 실험을 한 후, 구글 문서에 공유된 템플릿에서 함께 보고서를 작성하는 것이죠.

협력적으로 과학 보고서를 쓰기 위해 우선 함께 토론하여 보고서의 개요를 짜고 각자 쓸 부분을 나눕니다. 이때 자신이 맡은 부분을 작성하고 끝내는 것이 아니라, 다른 학생들이 쓴 내용도 서로 도와 가며 검토하고 편집해 주도록 합니다. 학생들은 보고서의 대상이 되는 과학 실험을 처음부터 끝까지 함께 했기 때문에 자신이 쓰지 않은 부분도 검토할 역량이 있습니다. 함께 실험하고 보고서를 작성하면서 실제 과학자들이 협력하는 방식을 경험해 볼 수 있습니다.

5강

공정하게 평가하기

#부정행위를 막으려면   #루브릭 만들기   #평가 계획 3단계   #시험 전 가이드라인

평가는 교수학습에 필수적인 요소입니다. 성적을 내기 위해서도 필요하고, 학생들이 수업 내용을 얼마만큼 이해했고 어떤 발전이 있었는지를 객관적인 기준에서 판단하기 위해서도 필요합니다.

그런데 온라인으로 수업은 어떻게든 하겠는데 평가는 어떻게 해야 할지 모르겠다고 하는 교수자들이 많습니다. 기존의 시험은 감시자가 있는 교실에서 아무 자료 없이 시험지와 펜만 갖고 치렀습니다. 이러한 시험은 온라인에서 개별적으로 시행하기 어렵습니다. 감시자도 없고, 종이와 펜을 사용하지도 않고, 무엇보다 학습자가 무한한 정보에 쉽게 접근할 수 있기 때문입니다.

새로운 플랫폼, 새로운 평가 방식

기존에 교실에서 하던 강의 중심의 수업을 온라인에서 인강 형태의 수업으로 전환하기는 비교적 쉽습니다. 둘 다 교수자가 주도하는 방식이기 때문입니다. 학습자의 환경이 바뀌고 학습 도구가 달라졌지만 학습 내용과 방법은 동일한 것이지요.

그러나 시험은 기본적으로 학습자 주도적인 행동을 요합니다. 학습자가 스스로 생각해 문제를 풀고 답을 작성해야 한다는 점에서 그렇습니다. 그럼에도 전통적 교실에서 시험은 학습자가 지나치게 자유롭게 답을 탐구할 수 없도록 통제된 환경에서 치러졌습니다. 학생들은 선생님의 감시 속에서 다른 책을 참고하거나 친구들과 얘기하는 것이 금지된 채로 답을 써야 했죠.

하지만 원격 환경에서는 어떤가요? 교수자가 통제할 수 없는 것이 너무 많습니다. 한 명 한 명의 움직임이 훤히 보이는 곳에서 지켜볼 수도 없고, 다양한 방법으로 이루어지는 부정행위를 잡아내기도 어렵습니다.

간혹 원격수업의 시험에서 학생들이 서로 상의해서 답을 작성하다가 적발되어 처벌받았다는 뉴스가 보도되곤 합니다. 그런데 교수자라면 이 학생들을 비판하기 전에 다시 한 번 생각해 볼 필요가 있습니다. 서로 상의하는 것이 잘못일까요? 학생들은 왜 상의해서 시험을 봤을까요? 학생들이 팀워크로 시험을 본 것은 누구의 잘못일까요? 팀워크는 우리 사회가

지향하는 긍정적인 가치가 아니었나요?

새로운 플랫폼은 새로운 윤리적 기준을 필요로 합니다. 현대 철학자 앤드루 핀버그Andrew Feenberg는 플랫폼이 변화하면, 예를 들어 플랫폼이 아날로그에서 디지털로 바뀌면, 사람은 기존에 갖고 있던 윤리적 기준을 새로운 플랫폼에 그대로 적용하기 어려워한다고 말합니다. 대신 이전과는 완전히 다른 혹은 새로운 윤리적 기준을 갖다 댄다는 거죠.

오프라인 시험에서는 서로 상의하는 것이 부정행위였습니다. 자료를 찾아보는 것도, 메모를 해 놓는 것도 모두 부정행위였지요. 그러나 새로운 플랫폼인 원격학습의 맥락에서는 이러한 기준들이 자동으로 적용되지 않습니다. 더군다나 팀워크 중심 수업이나 프로젝트형 수업을 해 왔다면, 교수자의 별다른 지침이 없는 한 학습자들이 시험에 대해 팀워크의 맥락에서 접근하는 것은 어찌 보면 예상할 수 있는 행동입니다.

온라인에서의 평가는 교수자들이 가장 어려워하는 부분입니다. 교수자의 입장에서는 수업을 새로운 플랫폼으로 옮기는 것도 어려운데 새로운 평가 방법을 고민하고 학습자의 행동까지 예측해야 하니까요. 또한 학기 내내 그룹 프로젝트형 수업과 인터넷을 찾아 연구하는 수업을 해 왔는데, 시험 역시 그렇게 해도 되는 것인지 아닌지 혼란스러울 것입니다. 그래서 이 강에서는 원격수업이라는 새로운 플랫폼에서 바람직한 평가 방법에 대하여 이야기하고자 합니다. 이를 위해서는 평가의 목적부터 다시 짚어볼 필요가 있습니다.

02 평가는 왜 하는 것일까

정확하고 의미 있는 평가를 하기 위해서는 우선 평가의 목적에 대해 고민해야 합니다. 평가의 목적은 시기나 과목에 따라, 혹은 교수자의 철학이나 수업 방식에 따라 다를 수 있습니다. 학생이 무엇을 알고 모르는지 진단할 목적, 학습 목표로서의 목적, 학생의 발전 정도를 측정할 목적, 성적을 산출할 목적, 학습 동기를 부여할 목적 등 교수자가 평가를 하는 이유는 다양합니다. 따라서 원격수업에서 평가를 하고자 할 때는 우선 평가를 어떤 목적으로 사용할 것인지 결정해야 합니다.

현실에서 평가의 목적은 대체로 두 가지로 정리됩니다. ① '반드시 알아야 할 지식'을 모두 학습했는지 확인하는 진단 목적과 ② 그 지식을 공부하게 하기 위한 동기 부여 목적입니다. 문제는 교사가 가르치는 것의 대부분이 '반드시 알아야 할 지식'이라는 점입니다. 교수자는 대개 모든 학생들이 모든 지식을 똑같이 습득해 나가기를 원합니다.

자, 이즈음에서 교수자로서 자신의 교육철학을 돌아봅시다. 교수자가 가르친 지식 전부를 모든 학습자가 똑같이 배워야 할까요? 교육을 논할 때 흔히 《탈무드Talmud》에 나오는 물고기 이야기를 인용합니다. "물고기를 잡아 주어라. 한 끼를 먹을 것이다. 물고기 잡는 법을 가르쳐 주어라. 평생을 먹을 것이다."

우리는 물고기를 잡는 법을 교육하는 것이 진정으로 의미 있는 교육이라고 배웠고, 또 지금도 그렇게 외치고 있습니다. 하지만 우리가 해 온 교육이 정말로 물고기를 잡는 교육이었나요?

물고기를 주는 교육에서는 모든 학습자가 똑같은 물고기를 먹습니다. 그런 교육을 했다면 시험에서도 여러 물고기를 나열하고 각각의 이름을 쓰라고 하든지(단답형), 특정한 물고기의 이름을 제시하고 여러 물고기 중 그 이름에 일치하는 것을 고르라고 할 것입니다(객관식). 아니면 물고기의 맛이나 조리 방법을 외워서 쓰게 할 것입니다(주관식).

이것이 바로 블룸의 분류법에서 하위수준인 암기와 이해를 평가하는 방법입니다. 이런 방식의 평가에서는 부정행위 방지가 가장 중요한 이슈가 됩니다.

물고기를 잡는 교육에서는 모든 학생들에게 똑같은 물고기를 주고, 그에 대한 지식을 동일하게 알려주며, 정해진 답을 일률적으로 평가합니다.

하지만 교수자가 물고기 잡는 법을 교육했다면, 시험 역시 학생에게 물고기를 잡아 오게 하는 방식을 택할 것입니다. 학생들은 배운 방법으로, 혹은 거기서 더 발전시킨 방법으로, 저마다 다른 물고기를 잡아 올 것입니다.

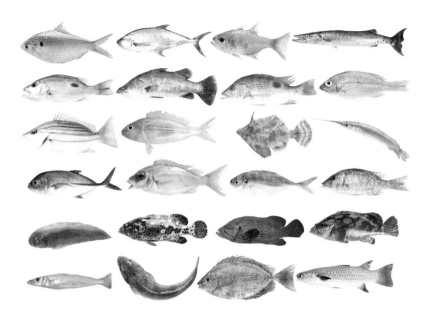

물고기를 잡는 법을 가르치는 교육에서는 학생들이 다양한 결과물을 가져올 수 있습니다. 그럼 이를 어떻게 평가해야 할까요?

이렇듯 학생들이 서로 다른 물고기를 잡아 왔을 때에는 기존의 방식으로 평가할 수 없습니다. 학생들이 잡은 물고기 중에는 생전 처음 보는 물고기도 있을 것이고, 아직 맛을 보지 못한 물고기도 있을 테니까요.

물론 학생들은 여러 물고기의 이름과 물고기를 잡는 방법에 대해 어느 정도 공통된 지식을 가지고 있습니다. 하지만 학생들은 그러한 지식만으로 설명할 수 없는 참신한 방법으로 예상치 못한 물고기를 잡아 옵니다. 그래서 탄생한 것이 수행평가 ▶▶p.257 입니다. 수행평가는 수행의 결과물과 과정을 함께 보는 평가입니다. 어떤 물고기를 어떻게 잡았는지를 평가하는 것이지요.

원격수업에서 상호작용적인 수업을 하려고 노력했다면 평가도 그에 맞추어 해야 합니다. 물고기 잡는 법을 열심히 가르치다가 끝에 가서는 물고기 이름을 외우는 평가를 한다면 이는 좋은 평가가 아닙니다.

평가는 기본적으로 수업에서 다룬 내용을 대상으로 해야 합니다. 수업과 관계없는 엉뚱한 것을 평가하면 안 된다는 뜻입니다. 수업을 인강식이나 암기식으로 했다면 그에 맞게 평가해야 하고, 수업을 상호작용적으로 했다면 평가 또한 그에 맞는 방법으로 시행해야 합니다.

따라서 상호작용적 수업, 다시 말해 블룸의 분류법에서 상위수준에 해당하는 창의적 수업에서는 역량 중심의 수행평가가 평가의 큰 부분을 차지할 수밖에 없습니다. 어떤 역량을 어떻게 평가할 것인지가 평가의 가장 큰 이슈가 되는 것이지요.

그러면 이제 평가에 대한 두 가지 큰 고민—"부정행위를 어떻게 방지할 것인가?"와 "상호작용적 수업에서 무엇을 어떻게 평가할 것인가?"—에 대하여 살펴보도록 하겠습니다.

고민 1: 부정행위를 어떻게 방지할 것인가

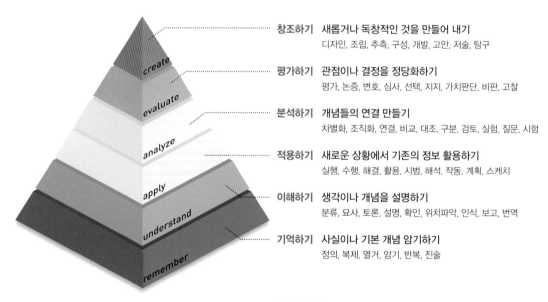

창조하기 **새롭거나 독창적인 것을 만들어 내기**
디자인, 조립, 추측, 구성, 개발, 고안, 저술, 탐구

평가하기 **관점이나 결정을 정당화하기**
평가, 논증, 변호, 심사, 선택, 지지, 가치판단, 비판, 고찰

분석하기 **개념들의 연결 만들기**
차별화, 조직화, 연결, 비교, 대조, 구분, 검토, 실험, 질문, 시험

적용하기 **새로운 상황에서 기존의 정보 활용하기**
실행, 수행, 해결, 활용, 시범, 해석, 작동, 계획, 스케치

이해하기 **생각이나 개념을 설명하기**
분류, 묘사, 토론, 설명, 확인, 위치파악, 인식, 보고, 번역

기억하기 **사실이나 기본 개념 암기하기**
정의, 복제, 열거, 암기, 반복, 진술

블룸의 교육 목표 분류법

수업 방식에 맞는 평가를 설명하기 위해 교육 목표를 위계화해 제시한 블룸의 분류법을 다시 가져와 봤습니다.

수업을 인강처럼 했다면 평가에 대한 고민은 아마도 부정행위 방지에 국한될 것입니다. 인강식 수업은 블룸의 분류법에서 가장 하위수준인 '기억하기'와 '이해하기'에 집중합니다. 그러니 평가도 학습자가 수업 내용을 기억하고 이해하는지 아닌지를 볼 수밖에 없습니다. 평가는 수업한 내용의 범위 안에서 이루어져야 하므로, 수업에서 적용하고 분석하는 활동을 하지 않았다면 평가에서 학생들에게 이를 요구해서는 안 됩니다. 그래서 인강식 수업에서는 학습한 내용을 외우고 이해했는지를 확인하는 지필 시험을 보게 됩니다. 그런데 온라인 원격 환경에서 기억하기와 이해하기 라는 하위수준의 평가를 하기는 쉽지 않습니다.

온라인 환경에서는 인터넷이 연결된 컴퓨터로 시험을 봅니다. 토플 시험처럼 특정 장소에 가서 외부 사이트 접속이 차단된 환경에서 시험을 본다면 하위수준의 평가를 공정하게 할 수도 있습니다. 그러나 원격수업은 학습자가 가정과 같이 사적인 환경에서 참여하기 때문에 외부 사이트 접속을 완전히 통제할 방법이 없습니다. 학습자가 외우거나 이해한 정보가 아니라 검색하여 찾은 정보로 답을 작성할 가능성이 높은 것이죠.

그렇게 되면 그 시험은 학습자의 지식을 측정하는 시험이 아닌, 검색 능력을 측정하는 시험이 되어 버립니다. 이렇듯 통제되지 않은 환경에서 하위수준을 측정하는 시험은 상당히 부정확한 결과를 냅니다. 그러다 보니 시험의 공정성에 관해 학습자들이 불만을 제기할 수도 있습니다.

그럼 시험에서 인터넷 사용을 허락하면 어떨까요? 대신 시험 문제를 좀 더 복잡하게 내면 된다고 생각할 수 있습니다. 예를 들면 "~의 정의는 무엇인가?", "~의 내용은 무엇인가?", "~의 기능은 무엇인가?", "~은 어느 시대에 일어났으며 그 원인은 무엇이었는가?", "~은 누구이며 어떤 사상을 주장하였는가?"처럼 묻는 것입니다. 하지만 이 질문들도 결국 하위수준인 기억하기와 이해하기를 묻는 문제입니다. 비교적 긴 분량의 답을 요구하지만 인터넷에서 몇 번의 클릭으로 긁어 올 수 있는, 이미 알려진 지식이기 때문에 학습자 자신의 지식을 평가하기 어렵습니다. 맞고 틀린 답이 명확한 객관식 문제, 단답형 문항은 더 말할 것도 없겠지요.

이런 하위수준의 문제로만 시험을 구성하고 인터넷을 사용하도록 열어 준다면 시험의 변별력이 없어집니다. 그리고 변별력이 없는 시험은 교수자에게도 골치일 뿐 아니라 열심히 공부한 학생들에게도 학습 의욕을 떨어뜨리는 결과를 초래합니다.

그럼에도 많은 교수자들이 원격 시험에서 하위수준을 평가할 방법을 고민하면서 여러 보완책을 모색할 것입니다. 결론적으로 말하면, 이러한 보완책들로 평가의 질을 높이기는 쉽지 않습니다. 그 이유에 대해 함께 알아보고자 합니다.

 ## 시간을 짧게 주면 어떨까요?

인터넷을 사용하지 못할 정도로 시험 시간을 짧게 주면 된다고 생각할지도 모르겠습니다. 예를 들어 객관식/단답형 문제 50개를 주고 30분 안에 풀어서 제출하라고 한다든지, 단답형 문제 100개를 주고 50분 안에 제출하라고 하는 거지요. 그러나 이것은 좋은 평가 방법이 아닙니다. 일단, 글을 독해하는 속도가 사람마다 다르기 때문입니다. 이런 식으로 문제를 내면 학습자가 무엇을 얼마나 학습했는지가 아니라 문제를 얼마나 빨리 독해했는지를 평가하는 것이 될 수 있습니다.

또한 시험 불안증test anxiety이라는 것이 있습니다. 시험을 볼 때 지나치게 불안도가 높아지는 현상을 뜻하죠. 시험 불안증을 가진 사람들은 시험에서 자신이 가진 능력을 충분히 발휘하지 못하는 경우가 많습니다. 시험 불안증까지는 아니더라도 대부분의 학생들은 시험을 치를 때 긴장합니다. 그리고 일반적으로 이러한 긴장과 불안은 시간을 제한한 시험일수록 더 심하게 나타납니다. 따라서 시험 시간이 촉박하면 학생들은 심하게 불안해져 자신이 할 수 있는 것보다 시험을 더 못 볼 가능성이 높습니다.

이처럼 지식 및 능력 부족이 아닌 낮은 독해력이나 시험 불안 때문에 성취도가 낮게 측정되는 문제는 교육학에서 평가와 관련하여 고질적으로

지적되어 온 문제이기도 합니다. 시험은 공정해야 하고, 평가하고자 하는 것을 평가해야 합니다. 따라서 시간을 짧게 주어 인터넷 사용을 제한하는 방법은 그다지 좋은 방법이 아닙니다.

 카메라로 감시하면 어떨까요?

학생들이 각자 자신의 컴퓨터 화면, 얼굴, 손이 모두 나오게 카메라를 설치하고, 교수자가 카메라 영상을 보면서 부정행위 여부를 감시하면 된다고 생각할 수도 있습니다. 이 방법은 그나마 원격으로 시험을 공정하게 볼 수 있는 가장 믿을 수 있는 방법이기는 합니다. 하지만 부정행위를 완벽하게 막을 수 있는 방법은 아닙니다.

문제는 일반적인 원격수업에서 이러한 방법을 실제로 활용하기 어렵다는 것입니다. 모든 학생이 별도의 카메라를 가지고 있어야 하고, 이를 능숙하게 설치할 수 있어야 가능하기 때문입니다. 특히 어린 학생들의 경우 스스로 이러한 환경을 만들기가 더욱 어렵습니다.

또한 카메라의 존재 자체가 수험생의 시험 불안증을 야기하거나 높일 수 있습니다. 게다가 네트워크 불안정, 거치대 조작 실패 등 카메라 영상이 제대로 나오지 않을 위험 요인도 많습니다.

시험은 시간과 규정에 매우 민감합니다. 작은 오류 하나만 생겨도 학습자가 불이익을 받거나 시험의 형평성이 저해될 수 있습니다. 따라서 시험 환경에 복잡한 조건을 추가하는 방식에는 신중하게 접근해야 합니다.

 그렇다면 도대체 어떻게 시험을 보라는 얘기인가요?

사실 부정행위를 완벽하게 방지하기 위한 가장 현실적이고 확실한 방법은 대면으로 만나서 시험을 보는 것입니다. 그래서 많은 대학들이 수업은 온라인으로 하더라도 시험은 오프라인으로 치러 왔습니다. 인강식 수업을 해 왔고 시험도 암기해서 답을 쓰는 단답형 혹은 객관식으로 출제한다면, 그리고 수업 방식과 시험 문제를 바꿀 수도 없다면, 오프라인 시험을 볼 것을 제안합니다. 그보다 더 나은 것은 없습니다.

수업 방식과 시험 문제를 바꿀 여지가 있다면 다음을 제안합니다

가장 좋은 방법은 인터넷을 허락하되, 인터넷에서 답을 찾을 수 없는 문제를 내는 것입니다. 인터넷에서 답을 찾을 수 없는 문제가 있을까요? 바로 적용, 분석, 평가, 창조를 요구하는 문제입니다. 블룸의 분류법 중 중간수준과 상위수준에 해당하는 문제들이지요.

그러나 수업에서 하위수준의 활동만 한 학생들이 평가에서 상위수준에 해당하는 문제를 받는 일은 없어야 합니다. 상위수준의 평가를 하려면 수업 중에 상위수준에 해당하는 활동들을 조금이라도 해야 합니다. 즉, 평가를 위해 수업부터 바꿔야 한다는 뜻입니다. 수업 중 적용, 분석, 평가, 창조를 연습할 기회를 주고, 과제를 하고, 토론을 했다면 이를 평가에 포함시켜도 됩니다.

평가는 수업 시간에 실시하는 수행평가의 방식으로 할 수도 있고, 중간시험이나 기말시험에서 문제로 출제할 수도 있습니다. 상위수준의 평가 방법에 대해서는 다음 장에서 더 설명하도록 하겠습니다.

잠깐! 오프라인 시험이 불가능하다면?

전염병 등 사회적 상황 때문에 모일 수 없거나 이미 학기 전체가 온라인수업을 하고 있다면, 타 지역에 살고 있는 학생들이 시험만을 위해 등교하기는 어려울 것입니다. 이러한 이유로 오프라인 시험이 불가능하다면 시험을 오픈북으로 볼 수 있게 합니다. 아니면 실시간 화상회의 플랫폼이나 카메라를 이용해 원격으로 감독하는 시험을 보아야 합니다.

04 고민 2: 상호작용적 수업에서 무엇을 어떻게 평가할 것인가

원격수업에서 학습자 주도적이고 상호작용적인 수업을 했다면 평가는 어떻게 해야 할까요? 학생들이 프로젝트도 하고 팀워크도 하고 토론도 했는데, 막상 평가를 하려고 보니 막막하게 느껴지지는 않나요? 다시 강조하지만, 평가는 수업과 직접적으로 관련이 있어야 합니다. 수업은 상위수준과 중간수준까지 했는데 평가가 '기억하기'와 '이해하기'라는 가장 하위수준에만 머물러 있어서는 안 됩니다.

1 평가의 종류

상호작용적 수업에서의 평가는 크게 두 가지로 나누어집니다. 하나는 수행평가이고, 다른 하나는 중간/기말시험과 같은 시험입니다.

● 수행평가

수행은 영어로 'performance'입니다. 즉, 학습자의 퍼포먼스를 평가하는 것입니다. 교육에서 퍼포먼스는 학생들이 수업과 관련하여 하는 활동들입니다. 그러므로 수행평가란 학생들이 참여한 토론, 과제, 발표 등에 대해 모두 점수를 매기고, 이를 최종 성적에 포함하는 평가 방법입니다.

이런 방식의 평가는 수시로 이루어집니다. 중간시험이나 기말시험처럼 날짜를 정해 놓고 모든 학생이 동시에 보는 시험이 아닙니다. 또한 한 번으로 결정되는 고부담high-stakes 평가도 아닙니다. 평소에 학생들이 원격수업에서 참여해 온 활동들을 평가하는 것입니다. 수행평가는 평가로서의 의의도 있지만, 학습자들이 수업에 더욱 열심히 참여할 동기를 부여한다는 의미도 큽니다. 특히 학습자의 적극적인 참여가 중요한 상호작용적 원격수업에서는 수행평가가 가장 중요하고 주요한 평가 방법이 되어야 합니다. 단점은 교수자의 업무가 많아진다는 점입니다. 내용을 일일이 확인하여 수시로 평가를 해야 하니 어쩔 수 없습니다.

● 중간/기말시험

중간시험이나 기말시험과 같은 시험의 특징은 그동안 배운 것을 문제를 통해 점검한다는 것입니다. 따라서 공부할 내용이 많고 전체 성적에서 차지하는 비중이 높습니다.

그럼 상호작용적 수업을 한 경우 중간/기말시험에서 어떤 문제를 내야 할까요? 상호작용적 수업을 했다면 시험에서도 기본지식을 바탕으로 적용, 분석, 평가, 창조하도록 요구하는 문제를 내는 것이 좋습니다. 이러한 시험 문제의 장점은 인터넷에서 답을 찾기가 어렵다는 점입니다. 특히 창조를 요구하는 문제는 학생들끼리 협업을 하기도 어렵습니다. 따라서 이러한 상위수준의 시험 문제는 교수자의 추가적 조치 없이도 부정행위를 방지할 수 있다는 강점이 있습니다. 다만, 채점을 공정하게 해야 하기 때문에 학생들에게 사전에 루브릭을 제공하는 것이 좋습니다.

> **TIP**
>
> 상호작용적 수업을 했다면, 중간/기말시험에서 암기만 해서 풀 수 있는 하위수준의 문제만 내서는 안 됩니다. 그러면 앞서 설명한 부정행위를 방지하는 방법에 대한 고민이 추가될 뿐입니다. 수업 방식과 평가 내용은 언제나 일치해야 합니다.

2 평가 배점

상호작용적 수업을 한 경우에는 중간/기말시험에 지나치게 높은 배점을 하기보다, 수업과 관련하여 평소에 해 왔던 활동을 평가하는 수행평가에 더 큰 비중을 두는 것이 좋습니다. 평소에 온라인수업 활동에 열심히 참여한 학생이 중간시험이나 기말시험에서 몇 문제를 틀렸다는 이유로 성적이 낮게 결정된다면 평가의 형평성이 떨어집니다. 이러한 평가는 성실하게 참여한 학생들의 학습 의욕을 떨어트릴 수도 있습니다.

그럼 상호작용적 수업에서 평가 배점은 어떻게 해야 할지 좀 더 자세히 알아봅시다.

Ⓐ **전통적 대면수업에서의 평가 배점의 예**

출석10%	중간시험 35%	기말시험 40%	과제 15%

Ⓑ **원격수업에서의 평가 배점의 예**

출석10%	온라인 참여 50%	기말시험 40%

Ⓒ **상호작용적 원격수업에서의 평가 배점의 예**

출석10%	온라인 참여 70%	기말프로젝트 20%

Ⓐ는 전통적 대면수업에서 흔히 하는 평가 배점 방식입니다. 중간시험과 기말시험, 그리고 과제가 있습니다. 세 요소를 1/3씩 골고루 나누기도 하는 등 교수자마다 배점 방식이 다를 수 있겠지만, 일반적으로는 과제 비중에 비해 시험 비중이 더 크거나 같은 경향이 있습니다.

Ⓑ는 원격수업 평가임에도 Ⓐ와 같은 전통적 대면수업 평가의 틀에서 완전히 벗어나지 못한 배점 방식입니다. 여전히 시험의 비중이 크기 때문

입니다. 학생들이 한 학기 내내 참여한 과제, 토론, 페이퍼, 프로젝트를 모두 합친 '온라인 참여'의 비중이 기말시험의 비중과 비슷합니다. 이 경우 기말시험 한 방으로 성적이 결정될 가능성이 높아집니다. 따라서 학기 중에 수업에 열심히 참여한 성실한 학생들에게 공평하지 못한 평가 방식이 될 수 있습니다.

ⓒ는 상호작용적 원격수업에서 학습자들의 지속적인 참여를 끌어낼 수 있는 평가 배점 방식입니다. 기말시험도 프로젝트로 대신함으로써 외워서 보는 시험을 아예 없앴습니다. 물론 교수자에 따라 기말시험은 프로젝트로 할 수도 있고, 시험으로 할 수도 있습니다. 이 배점 방식의 핵심은 참여에 높은 비중을 두고, 기말시험이나 기말프로젝트의 비중을 줄이는 것입니다. 기말 한 방이 아닌 평소 수업 참여의 성실성으로 성적이 결정되는 방식이죠. 이때 온라인수업 참여 점수에는 토론, 과제를 비롯하여 퀴즈까지 포함할 수 있습니다. 이러한 평가 방식은 학습자의 적극적인 수업 참여를 유도합니다.

원격수업에 적합한 평가

올해 들어 제가 맡고 있던 대학원 수업이 원격수업으로 전환되었습니다. 그러다 보니 평가 역시 기존의 대면 평가에서 벗어나 비대면 평가로 바뀌어야 했습니다.

저는 20명 이하의 소규모 강의라는 수업 특성에 적합한 평가 방법을 찾아보기 시작했습니다. 그러다가 '국제 공통대학입학자격시험IB: International Baccalaureate' 프로그램의 총괄평가summative assessment를 살펴보게 되었습니다. 여기에서 아이디어를 얻어 프로젝트 기반의 총괄평가를 설계하고, 이를 기말시험에 적용해 보았습니다. 평가는 다음과 같이 진행하였습니다.

01 팀별로 수행할 프로젝트의 주제를 학생들과 공유하고 종강 전 4주 동안 학생들이 해야 할 과제를 안내합니다.
- 주제: 우리나라 영어교육의 문제를 해결할 수 있는 읽기 프로그램 설계
- 1주차: 읽기 프로그램 기획서 작성
- 2주차: 읽기 프로그램 커리큘럼 설정
- 3주차: 샘플 교재 제작

- 4주차: 프로그램 운영에 대한 1분 30초 분량의 유튜브 영상 제작

02 수업 시간에 그 주에 해당하는 과제의 작성 방법을 학생들에게 알려 줍니다. 학생들은 작성 방법을 듣고 바로 팀별로 논의를 시작합니다. 그리고 수업 시간 내에 중간 결과물을 정리하여 발표합니다.

03 수업이 끝난 뒤 학생들은 다른 팀이 제시한 피드백을 검토하고 팀 내부에서 좀 더 논의하여 결과물을 완성합니다. 완성된 과제는 그 주 내에 온라인으로 제출합니다.

이 평가에서 요구하는 과제는 기초적인 교과 지식 없이는 수행할 수 없습니다. 동시에, 창의적으로 결과물을 만들어 내야 하기 때문에 학생들이 서로 잘 협업하는 것이 오히려 좋은 평가 결과로 이어집니다. 또한 학생들이 더 노력하고 공부하게 하는 과제라, 저도 학생들도 학기 말까지 최선을 다하게 되는 유용한 평가 방법이었습니다.

공동 작업 문서

그룹 결과물: 1차시

05 루브릭 만들기

루브릭이란 학생이 성취하거나 수행해야 하는 기준항목과 성취수준을 체계적으로 목록화한 것입니다. 즉, 학습자를 평가하기 위한 채점 가이드라고 할 수 있지요. 루브릭은 일반적으로 열과 행이 있는 표의 형태로 만들어지는데, 왼쪽 열에는 기준항목을 제시하고 상위 행에는 성취수준을 표시합니다.

루브릭을 만들 때에는 과제나 수업의 목표가 무엇이었는지 먼저 확인합니다. 그래야 수업 내용과 일치하는 평가가 될 수 있습니다.

다음은 온라인 토론에 대한 루브릭 예시입니다.

예시 **온라인 토론에 대한 루브릭**

	상(3점)	중(2점)	하(1점)
토론 기술 (질문, 추가, 반대, 확장 등)	토론 기술을 세 가지 이상 사용한다.	토론 기술을 한두 가지 정도만 사용한다.	토론 기술을 한 가지 이하로 사용한다.
시간	모든 게시물을 마감 시간 이전에 완료했다.	마감 시간을 초과한 게시물이 1~4개이다.	마감 시간을 초과한 게시물이 5개 이상이다.
내용	주장과 글이 논리적이고 체계적이다.	주장과 글의 논리성과 체계성이 다소 부족하다.	주장과 글이 논리적, 체계적이지 않다.

교수자는 모든 수행 과제에 대하여 사전에 루브릭을 만들어야 합니다. 그리고 학습자가 과제를 시작하기 전에 루브릭을 공개하여 평가 기준을 미리 알 수 있게 하는 것이 바람직합니다. 이렇게 만들어진 루브릭은 모든 학생들에게 동일하게 적용되어야 합니다.

업무량을 줄이기 위해 간략한 형태의 루브릭을 사용할 수도 있습니다. 다음은 온라인 토론에 대한 약식 루브릭의 예시입니다.

예시 온라인 토론에 대한 약식 루브릭

- 토론 게시물 하나당 1점
- 참신한 아이디어나 의견에 대하여 추가 1점
- 자신의 생각 확장에 대하여 추가 1점

루브릭은 교수자가 만들지만, 루브릭에 따른 채점을 교수자만 할 수 있는 것은 아닙니다. 학습자가 스스로 채점하게 할 수도 있고, 동료평가로 활용할 수도 있습니다.

06 평가 계획 세우기

평가를 하기 위해서는 먼저 평가 계획을 세워야 합니다. 이번 학기에 평가를 몇 번 할 것이며 어떤 방식으로 할 것인가, 여러 평가 요소를 각각 얼마의 비중으로 반영할 것인가 등이 먼저 잡혀 있어야 합니다.

여기에서는 미국의 교육 연구자 그랜트 위긴스Grant Wiggins와 제이 맥타이Jay McTighe가 2005년 『디자인을 통해 이해하기Understanding by Design』 (2판)에서 제시한 평가 계획을 세우는 3단계 방법을 소개합니다.

❶ 학기 초에 세웠던 교과목의 목표를 다시 확인합니다. 이 교과목의 궁극적인 학습 목표가 무엇이었나요?

❷ 이 목표를 성취했다는 것을 어떻게 알 수 있나요? 학생이 배운 지식이 무엇인지, 이를 제대로 이해했는지, 비판적·창의적으로 분석하고 적용했는지 알 수 있는 방법이 무엇인가요? 학생의 성과를 증명할 수 있는 증거를 어디에서 어떻게 모을지 고민합니다.

❸ 이러한 증거들을 모을 수 있도록 수업과 평가를 디자인합니다.

요약하면 평가 계획을 세울 때 학습 목표를 확인하고, 그 목표에 대한 학생의 성취 정도를 증명하는 증거들을 모을 수 있도록 수업과 평가를 디자인해야 한다는 뜻입니다. 위긴스와 맥타이는 대면수업에서의 평가 계획에 대해 설명한 것이지만, 원격수업에도 이를 적용할 수 있습니다. 원격수업에서 증거가 될 수 있는 요소에는 다음과 같은 것들이 있습니다.

- ▶ 콘텐츠 직후에 제시되는, 수시로 보는 간단한 퀴즈
- ▶ 토론 게시판에서의 토론 참여
- ▶ 발표
- ▶ 블로그, 저널, 위키피디아에 글을 작성한 내역
- ▶ 짧은 페이퍼
- ▶ 출석 및 실시간 수업 참여도
- ▶ 프로젝트 계획단계/전개단계/최종본
- ▶ 중간시험, 기말시험

상호작용적 수업을 했다면 중간/기말시험 위주로만 성적이 결정되는 평가는 바람직하지 않습니다. 수업에서 다룬 다양한 요소들을 평가에 반영해야 학습 동기를 일으킬 수 있으며, 또 공정한 평가가 될 수 있습니다.

더 알아보기 ◀ **학기 평가 계획**   — ☐ ✕

학기 평가 계획은 다음과 같이 만들어 볼 수 있습니다. 중간시험과 기말시험을 본다면 이들을 해당 달에 배치합니다. 나머지 달에는 온라인에서의 토론, 과제, 프로젝트 진행 과정 등을 포함하는 수행평가 계획을 채워 넣습니다. 대학에서는 학기 초에 학생들에게 제시하는 실러버스에 구체적인 평가 계획이 들어 있어야 합니다. 초·중등의 경우 소속 교육청의 방침에 따릅니다.

3월	4월	5월	6월
• 토론, 과제, 참여도 평가 (수시)	• 토론, 과제, 참여도 평가 (수시) • 중간시험	• 토론, 과제, 참여도 평가 (수시) • 프로젝트 중간 보고서 평가	• 프로젝트 최종 평가 • 기말시험

07 교육 목표별 평가 방법

블룸은 교육의 목표를 기억하기, 이해하기, 적용하기, 분석하기, 평가하기, 창조하기로 분류하였습니다. 학자들은 이것을 두 개씩 묶어 기억하기와 이해하기를 하위수준, 적용하기와 분석하기를 중간수준, 평가하기와 창조하기를 상위수준으로 나눕니다.

한 학기의 수업은 하위수준부터 상위수준까지를 모두 하는 것이 바람직합니다. 따라서 여기서는 각 수준에 해당하는 수업을 모두 진행했다는 전제하에, 각 수준에서의 평가 방법은 어떤 것이 적합한지 살펴보도록 하겠습니다.

1 지식과 개념(하위수준) 평가 방법

평소에 틈틈이 간단한 퀴즈를 출제하여 기본적인 지식과 개념을 알고 있는지 평가합니다. 토론 게시판을 활용하여 기본 지식과 개념에 대해 토론할 기회를 주고 평가할 수도 있습니다.

중간/기말시험에서는 인터넷 사용을 허락하되, 단답형이나 객관식이 아닌 에세이식으로 문제를 냅니다. 표절에 대해 엄격한 기준을 제시하여 타인의 자료를 긁어다 붙이는 행위를 사전에 예방합니다.

만약 중간/기말시험에서 단편적 지식을 단답형과 객관식으로 평가해야 하는 상황이라면, 정해진 장소에 오프라인으로 모여서 시험을 보는 전통적인 방식이 가장 신뢰도 높고 공정한 평가 방법입니다. 기업이나 기관의 시험처럼 모든 학생의 책상에 카메라를 설치하는 방법도 있지만, 정말 공정한 시험이 되려면 교수자나 학교가 카메라를 제공하고 설치까지 책임져 주어야 합니다. 그러나 이마저도 부정행위를 완벽하게 막을 수 있는 방법은 아닙니다.

② 적용과 분석(중간수준) 평가 방법

적용과 분석을 할 수 있는 과제를 내 주고 이를 평가합니다. 적용과 분석 과제는 습득한 지식을 실제로 사용해 보는 과제입니다. 예를 들어, 인터넷 자료 분석하기, 대안적 방법 찾아보기, 짧은 레포트나 블로그 글 작성하기 등이 있습니다. 학생이 무엇을 '직접 하는' 과제들이 대부분 이 중간수준에 해당합니다.

아니면 학생들의 사고가 발전하는 과정이 드러나는 과제를 내 주고 평가해도 좋습니다. 토론이나 발표, 큰 프로젝트를 할 때, 결과만이 아니라 사전에 준비한 과정도 정리하여 제출하게 하는 것입니다. 이는 개인 과제로도 팀 과제로도 가능합니다.

중간/기말시험에서는 적용과 분석을 할 수 있는 문제를 냅니다. 단편적인 지식을 묻기보다는, 그 지식을 분석하거나 비판적 관점에서 검토하거나 다른 상황에 적용해 보는 문제를 냅니다. 기본 지식을 공부하지 않으면 제대로 된 결과물이 나올 수 없는 에세이나 페이퍼 형식의 문제가 적절합니다. 객관식이나 단답형이 아니므로 카메라나 감시가 필요하지 않습니다.

3 평가와 창조(상위수준) 평가 방법

상위수준의 평가도 학생들이 '직접 하는' 과제의 연장선에서 이루어집니다. 이 수준에 가장 적합한 평가 방법은 바로 학기 프로젝트를 이용하는 것입니다. 프로젝트에서 요구되는 능력이 바로 분석, 평가, 창조이기 때문입니다.

기존에는 프로젝트의 결과물로 페이퍼를 작성하는 경우가 많았습니다. 그러나 이 외에도 할 수 있는 프로젝트의 종류는 다양합니다. 유튜브 채널을 만들어서 동영상 콘텐츠 올리기, 온라인 토론 개최하기, 인터뷰하기, 위키피디아에 글쓰기, 영화나 책 만들기 등 요즘 학생들이 재밌게 할 수 있으면서 현실과 접목된 프로젝트를 제시한다면 더 깊이 있는 학습이 일어날 것입니다.

중간/기말시험에서는 평가와 창조를 할 수 있는 문제를 냅니다. 학기 동안 배운 내용을 기초로 짧은 시간에 작은 프로젝트나 페이퍼를 쓰게 합니다. 그런데 이처럼 무언가를 만들어야 하는 시험에서는 종종 기본 지식과 무관하게 창의성이 높은 학생들이 그럴듯한 결과물을 만들어 내기도 합니다. 따라서 학생이 만든 결과물만 보고 평가해서는 안 됩니다. 어떤 이론이나 지식에 기반하여 어떤 이유와 과정을 통해 그 결과물을 만들어 냈는지 설명하도록 해야 공정한 평가가 될 수 있습니다. 이 평가 방식 역시 카메라가 필요하지 않습니다.

08 부정행위를 막으려면

대면평가처럼 온라인평가도 다양한 종류의 부정행위가 발생할 수 있습니다. 여기에서는 부정행위의 종류와 부정행위를 방지할 수 있는 방법에 대해 설명하도록 하겠습니다.

● 개별 시험인데 서로 상의하여 답을 쓰는 경우

① 서로 상의해서 시험을 보는 것은 심각한 부정행위이며, 부정행위가 적발되면 0점(F학점) 처리된다는 사실을 사전에 충분히 고지합니다.

② 서로 상의해서 시험을 볼 수 없도록 여러 겹의 시스템을 구축합니다. 학생들 간의 감시 체계를 만들고, 상의하는 정황이 의심될 때 이를 확인할 방법을 마련해야 합니다. 또한 부정행위 적발 시 해당 학생에게 부과할 페널티 외에, 재시험 등에 관한 기준도 마련해 두어야 합니다. 이 모든 내용을 사전에 학생들에게 고지합니다.

● 외워서 봐야 하는 시험인데 책이나 인터넷을 보고 답을 쓰는 경우

① 인터넷을 마음껏 사용하도록 하되, 인터넷에서 정답을 찾을 수 없는 문제(적용, 분석, 평가, 창조를 요구하는 문제)를 냅니다. 그러나 수업에서 다룬 내용과 관련이 있어야 합니다.

❷ 카메라를 사용하여 감시합니다. 이 경우 통신 문제나 카메라의 기술적 오류가 발생했을 때 교수자와 학습자가 대처할 수 있는 지침이 마련되어 있어야 합니다. 그러나 이 방법으로도 부정행위를 완벽하게 막을 수는 없습니다.

● 인터넷에서 자료를 보고 베껴서 답을 쓰는 경우

이러한 부정행위는 대면수업의 페이퍼 제출 과제에서도 종종 나타납니다. 타인의 자료를 무단으로 베껴 쓰는 표절을 예방하기 위한 교육은 학기 중 한 차시를 할애하여 수업해도 될 만큼 중요합니다. 표절 예방 교육은 시험을 보기 전에 반드시 이루어져야 합니다.

❶ 학생들에게 표절의 심각성에 대하여 사전에 충분히 교육합니다.
❷ 표절의 기준을 글로 작성하여 분명히 고지합니다. APA, MLA 등에서 제공하는 인용/표절 가이드라인 또는 기관이나 법에서 규정한 공식적인 표절 기준을 참고할 수 있습니다.

참고

'논문표절 가이드라인 모형'(2008. 2. 교육인적자원부)에서는 여섯 단어 이상의 연쇄 표현이 일치하는 경우, 생각의 단위가 되는 명제 또는 데이터가 동일하거나 본질적으로 유사한 경우, 다른 사람의 창작물을 자신의 것처럼 이용하는 경우 등을 표절로 규정하였습니다.

❸ 카피킬러Copy Killer, 구글 검색 등을 활용해 표절을 확인할 것이라고 예고합니다.
❹ 중요한 것은 표절을 하지 않는 방법을 알려 주는 것입니다. "글의 모든 문장이 자신의 창작이어야 합니다."라고 설명하면 가장 간단하고 확실합니다. 하지만 과제의 성격에 따라 타인의 생각과 글을 참고해야 할 때가 있습니다. 이때에는 "다른 사람의 아이디어나 저

작물을 가져올 때는 반드시 출처를 밝혀야 합니다. 출처 없이 무단으로 인용하는 것은 표절입니다."라고 설명해 주어야 합니다.

참고

- 직접 인용: 타인의 저작물을 원문 그대로 쓰는 인용입니다. 원문 부분을 큰따옴표로 표시하거나 인용문 형식으로 제시하고, 출처를 페이지까지 정확히 명시합니다.
- 간접 인용: 원문의 내용을 자신의 언어로 풀어 쓰는 인용입니다. '~에 따르면, ~에 의하면' 등의 표현을 사용하여 인용 부분을 명확히 표시하고 출처를 표기합니다.

● 문제를 미리 알고 시험을 치는 경우

족보를 입수하여 문제를 미리 알고 답을 연습하여 시험을 치는 행위는 기존의 대면수업에서도 지속적으로 문제가 되어 왔습니다.

❶ 가장 좋은 방법은 시험 문제를 매 해, 매 학기 바꾸는 것입니다.

❷ 문제를 매번 바꾸기 어렵다면 블룸의 분류법에서 상위수준의 문제를 출제하도록 합니다.

● 대리시험자가 시험을 대신 보는 경우

❶ 대리시험을 예방하는 가장 좋은 방법은 수업을 들은 사람만 풀 수 있는 문제를 섞어 내는 것입니다. 수업 중에 사용했던 예시나 질문 등을 바탕으로 분석, 평가, 창조하게 하는 문제를 출제합니다.

❷ 대리시험자가 시험을 볼 경우 0점(F학점) 처리된다는 사실을 사전에 충분히 고지합니다.

● 전문가나 전문 업체가 과제를 도와준 경우

이는 대면수업의 평가에서도 종종 문제가 되는 심각한 부정행위입니다.

❶ 예방이 가장 좋습니다. 이러한 행위가 적발되면 시험이 0점(F학점)

처리될 뿐 아니라, 대학원의 경우 학위 자체가 취소될 수 있음을 분명히 고지합니다.

❷ 학생의 페이퍼를 자세히 읽어 봅니다. 학생의 지식 수준으로 쓸 수 없는 용어나 내용, 다른 사람의 것으로 의심되는 경험, 학생이 스스로 하기 어려운 수준의 통계 등이 있는지 유심히 봅니다.

❸ 페이퍼나 프로젝트를 완성하는 과정을 확인할 수 있도록 중간 결과물을 여러 차례 제출하게 합니다.

09 시험 전 가이드라인의 중요성

원격수업으로 한 학기를 공부한 후 치르는 시험에서 학생들끼리 '짜고' 답안을 작성하는 부정행위를 저질렀다는 뉴스를 보신 적 있나요? 학생들끼리 어떤 방식으로 '짜고' 했는지, 교수자가 학생들에게 부정행위의 범위에 대하여 어떤 가이드라인을 주었는지 구체적으로 알기는 어렵습니다만, 이러한 행위를 막을 수 있는 팁을 드리고자 합니다.

우선, '짜고' 한다는 것은 사실 교육학 용어로 '협력하여' 한다는 것이기도 합니다. 협력적인 활동, 팀워크, 팀 프로젝트 등은 상호작용적 수업에서 많이 활용되는 교수학습 활동입니다. 나아가 현대사회에서 요구하는 능력을 길러주는 중요한 활동이지요.

따라서 '짜고' 하는 것을 무조건 부정적으로만 보아서는 안 됩니다. 기존의 전통적인 시험에서는 책을 보거나 협력하여 답을 작성하면 안 된다는 사회적 규율이 있었습니다. 또한 이러한 규율은 책상 간격을 떨어트리고 감독자를 두는 것과 같은 물리적 환경을 통해 특별한 가이드라인을 주지 않아도 학습자에게 충분히 인지되었습니다.

그러나 원격수업에서는 부정행위에 관한 사회적 규율이 학습자에게 자연스럽게 전달될 물리적 환경을 조성하기 어렵습니다. 학습자들은 기존의 윤리적 기준을 새로운 플랫폼에 그대로 적용해야 하는지, 변화한 플랫폼에 맞추어 새로운 윤리적 기준을 따라야 하는지, 어떤 행동이 허용되고 어떤 행동이 금지되는지 혼란스러울 수 있습니다. 따라서 온라인이라는 환경에서 평가를 할 경우 교수자는 시험의 가이드라인을 명확하고 분명하게 제시할 필요가 있습니다.

다음은 시험 가이드라인의 예시로, 5개의 에세이 문제에 대한 답변을 써서 제출하는 온라인 기말시험을 가정하였습니다. 가이드라인은 늦어도 시험 일주일 전까지는 주어야 하며, 가능한 한 일찍 주는 것이 좋습니다.

	예시	가이드라인 설명
1	기말시험 문제는 ○월 ○일 ○요일 오전 9시 정각에 LMS의 '시험' 게시판에 게시됩니다. 문제 게시 직후 카톡으로 안내하겠습니다. 답안 제출 마감 시한은 ○월 ○일 ○요일 오전 11시 59분입니다.	☑ 문제를 게시하는 날짜와 시간, 장소를 명시 ☑ 혹시 잊어버릴 학생을 배려해 문자로 한 번 더 안내
2	본 시험은 집에서 과제를 작성하여 제출하는 테이크홈 시험이며, 오픈북 시험입니다. 따라서 그동안 정리한 강의 내용과 과제, 개별적으로 연구하고 조사한 것들을 모두 종합하여 답안을 작성합니다.	☑ 전반적인 시험 형식에 대해 안내
3	문제는 총 5개이며, 각 문제당 5~10쪽의 페이퍼를 작성합니다. 시험 문제는 한 학기 동안 배운 내용 및 그동안 제출한 과제의 범위 내에서 출제됩니다.	☑ 답안 작성 방법에 대한 안내 ☑ 시험 범위에 대한 안내
4	오픈북이지만 개별 시험입니다. 학생들 간의 협력은 금지합니다. 따라서 협력할 수 있는 문제와 답안은 없습니다.	☑ 시험 방식에 대한 교수자의 기대 사항을 상세히 설명 ☑ 무엇이 부정행위에 해당하는지 명시
5	학생들 간의 협력 혹은 그 외 부정행위가 의심될 경우, 의심 학생을 학교로 출석시켜 추가 시험을 통해 부정행위 여부를 확인할 것입니다. 추가 시험은 문제를 듣고 즉석에서 답을 하는 구술시험이며 시험 과정은 비디오로 녹화될 것입니다.	☑ 부정행위가 의심될 때 확인 절차 안내
6	부정행위를 인지했을 때에는 교수의 이메일이나 전화로 제보하시기 바랍니다.	☑ 부정행위 제보 방법 안내
7	인용 시 반드시 출처를 밝힙니다. 강의가 출처라면 "A는 B이다(강의 내용)."와 같은 형식으로 본문에 출처를 달아 줍니다. 단, 강의가 출처일 경우 참고문헌 목록에는 포함하지 않아도 괜찮습니다. 강의를 제외한 모든 인용은 본문과 참고문헌 목록에 출처를 명시합니다.	☑ 인터넷 검색에만 의지하지 않고, 강의 내용도 충실히 활용할 수 있도록 안내 ☑ 참고문헌 작성 기준 안내

	예시	가이드라인 설명
8	표절 주의: 다른 사람의 글이나 말을 출처 표기 없이 갖다 쓰는 행위는 표절에 해당하며 엄격히 금합니다. 이 시험에서는 출처를 표기하더라도 다른 사람이 쓴 문장을 '그대로' 갖다 쓰는 행위는 표절로 간주합니다. 페이퍼의 모든 문장은 자신의 언어로 창작한 문장이어야 합니다.	☑ 표절의 기준 제시 ☑ 시험 문제 중 기초적 이해를 묻는 문항이 있어 이를 인터넷에서 그대로 긁어다 쓰지 못하도록 표절에 대해 더 엄격한 잣대를 제시
9	표절 페널티: 표절이 한 문장이라도 있으면 통보 없이 자동으로 F학점 처리됩니다. 그동안 출석, 과제 제출, 수업 태도 모두 잘했더라도 <u>표절이 드러날 경우 무조건 F학점입니다.</u>	☑ 표절 적발 시 페널티가 부과될 것임을 글로 명시하여 안내 ☑ 표절은 심각한 윤리 위반 행위임을 강조하여 표절 행위의 위법성에 대해 교육하고 부정행위를 사전에 예방할 수 있도록 함
10	답안 제출 방법: 답안은 온라인과 오프라인 두 가지 모두 제출하시기 바랍니다. 온라인의 경우 시험 마감 기한까지 LMS의 '시험' 게시판에 답안을 제출합니다. 오프라인의 경우 답안을 프린트하여 다음주 ○요일까지 우편으로 혹은 직접 방문하여 제출하시기 바랍니다. 온라인과 오프라인의 답안 내용이 달라서는 안 됩니다.	☑ 시험 답안 제출 방법에 대한 안내 ☑ 오프라인 프린트물은 시험 문제의 성격이나 학교 방침에 따라 요구하지 않을 수도 있음

이 가이드라인 예시에서는 출처를 표기한 직접인용도 표절로 간주하는 엄격한 기준을 적용하였습니다. 만약 인터넷에서 간단히 정답을 찾을 수 있는 하위수준 문항이 아니라면, 직접인용을 허용하고 다음과 같은 가이드라인을 주는 것이 좋습니다.

직접 인용 가이드라인

직접인용은 다른 사람의 창작물을 그대로 갖다 써야만 하는 경우에 사용하며, 큰따옴표로 표시하고 출처를 씁니다. 출처를 쓸 때 가능하면 페이지까지 명시합니다. 아래 예시를 참고하시기 바랍니다.

- 이승복 어린이는 "공산당이 싫어요"라고 말했다(출처).
- 중앙재난안전대책본부는 "수도권 상황이 매우 엄중하다"고 했다(출처).
- 키르케고르는 "절망은 죽음에 이르는 병"이라 하였다(출처).

부록

원격수업의
모형과 예시

원격수업에 관한 기본적인 교육학 지식과 다양한 교수학습 전략을 알았으니, 이제 이를 수업 안에서 어떻게 적절하게 사용할 수 있는지 알아보도록 하겠습니다.

수업 모형이란 수업의 틀 혹은 원형(原形)과 같은 것으로, 실제로 수업을 할 때 활용할 수 있는 가이드라인입니다. 수업 모형에는 교수 방법, 학생들의 활동, 상호작용적 요소 등이 고려됩니다. 좋은 수업 모형은 교육학 이론을 반영합니다.

01 콘텐츠 + 과제 모형

1 영상/책 콘텐츠 + 과제 (하이퍼도큐먼트)

짧은 영상이나 읽기 자료를 보고 주어진 질문에 답하는 형식의 하이퍼도
큐먼트를 구글 문서로 작성하여 학생들에게 제공합니다. 다음 예시를 참
조할 수 있습니다.

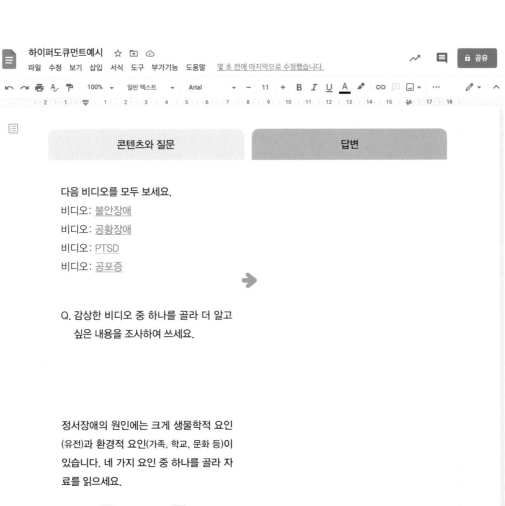

콘텐츠와 질문 | **답변**

다음 비디오를 모두 보세요.

비디오: 불안장애

비디오: 공황장애

비디오: PTSD

비디오: 공포증

Q. 감상한 비디오 중 하나를 골라 더 알고
싶은 내용을 조사하여 쓰세요.

정서장애의 원인에는 크게 생물학적 요인
(유전)과 환경적 요인(가족, 학교, 문화 등)이
있습니다. 네 가지 요인 중 하나를 골라 자
료를 읽으세요.

정서장애_생물학적.pdf 정서장애_가족요인.pdf

정서장애_학교요인.pdf 정서장애_문화요인.pdf

Q. 읽은 내용을 바탕으로 정서장애 학생의
교육과 관련된 사회적 이슈가 무엇인지
쓰고, 이에 대해 논하세요.

책 콘텐츠 + 페이퍼 과제

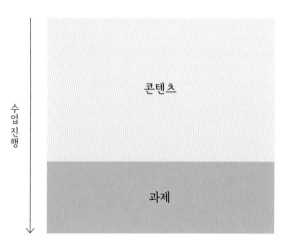

정해진 도서를 읽고 리플렉션 페이퍼reflection paper를 쓰게 합니다. 다음 예시를 참조할 수 있습니다.

지정된 도서 중 하나를 골라 읽으세요.

| 과제 | 읽은 도서에 대해 리플렉션 페이퍼를 씁니다. 페이퍼는 다음 가이드라인에 맞추어 쓰세요.

1 분량 제한은 없습니다.

2 줄거리를 소개하지 마세요.

3 리플렉션 페이퍼를 쓰는 방법은 다음의 웹사이트를 참고하시기 바랍니다.

https://www.trentu.ca/academicskills/how-guides/how-write-university/how-approach-any-assignment/how-write-reflection-paper

4 페이퍼는 온라인으로 써서 제출하세요. 구글 클래스룸의 구글 문서 기능을 이용해 작성합니다.

5 읽어야 할 분량이 많습니다. 과제 제출 마감 시한은 ○월 ○일 월요일 오후 11시 59분입니다. 책을 미리 읽어 두기기 바랍니다.

6 채점 기준은 다음 루브릭을 참고하시기 바랍니다.

리플렉션 페이퍼 채점 기준   Excellent: 4점   Good: 3점   Fair: 2점   Poor: 1점   제출안함: 0점

본문의 내용을 자신의 경험이나 지식에 반영하여 글을 썼는가?

Excellent	Good	Fair	Poor
본문의 내용을 자신의 경험이나 지식에 충분히 반영하여 글을 썼다.	본문의 내용을 자신의 경험이나 지식에 어느정도 반영하여 글을 썼다.	본문의 내용을 자신의 경험이나 지식에 약간 반영하여 글을 썼다.	본문의 내용을 자신의 경험이나 지식에 거의 반영하지 않았다.

본문에 대한 자신의 생각이나 느낌을 논리적으로 잘 설명/표현하였는가?

Excellent	Good	Fair	Poor
본문에 대한 자신의 생각이나 느낌을 논리적으로 잘 설명/표현하였다.	본문에 대한 자신의 생각이나 느낌을 논리적으로 어느정도 설명/표현하였다.	본문에 대한 자신의 생각이나 느낌을 논리적으로 약간 설명/표현하였다.	본문에 대한 자신의 생각이나 느낌을 논리적으로 거의 설명/표현하지 못했다.

자신의 교육, 교사, 학교에 대한 가치관이나 그것의 변화에 대하여 충분히 논하였는가?

Excellent	Good	Fair	Poor
자신의 교육, 교사, 학교에 대한 가치관이나 그것의 변화에 대하여 충분히 논하였다.	자신의 교육, 교사, 학교에 대한 가치관이나 그것의 변화에 대하여 어느정도 논하였다.	자신의 교육, 교사, 학교에 대한 가치관이나 그것의 변화에 대하여 약간 논하였다.	자신의 교육, 교사, 학교에 대한 가치관이나 그것의 변화에 대하여 거의 논하지 않았다.

TIP

리플렉션 페이퍼 | 자기성찰적 페이퍼로, 일반적인 독후감과는 다릅니다. 줄거리나 책의 내용을 쓰기보다는 책을 거울삼아 나의 생각이나 가치관을 성찰해 보는 페이퍼입니다. 따라서 나의 경험이나 의견을 위주로 서술하며, 책의 저자가 하고자 하는 말보다는 그와 관련하여 내가 하고 싶은 말을 책의 내용에 비추어 씁니다. 리플렉션 페이퍼는 독서와 글쓰기를 통해 실질적이고 직접적으로 비판적 사고를 훈련할 수 있다는 점에서 모든 수준의 학습자에게 유익한 활동입니다.

나이가 어린 학습자의 경우 자기성찰 기술이 부족할 수 있습니다. 그렇기에 자기성찰을 할 수 있는 적절한 질문과 도구를 마련해 주어야 합니다. 질문의 예로는 "이 책을 읽기 전과 읽은 후 나의 달라진 생각은?"이 있습니다. 도구의 예로는 '나의 생각 점검표, 포스트잇을 이용한 생각 정리하기, 루브릭' 등이 있습니다. 이들은 자기성찰적 사고를 하기 위한 어휘가 부족하기 때문에 관련 어휘도 따로 교수하는 것이 좋습니다. 예를 들면 '변화, 의견, 가치관, 우선순위, 사회, 설득, 동의, 반대, 경험, 내면, 마음' 등이 있습니다. |

③ 영화 콘텐츠 + 비디오 토론 과제

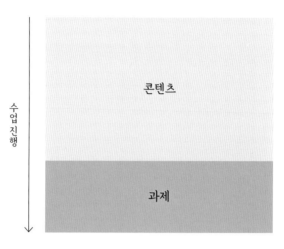

정해진 영화를 보고 비디오 토론을 하게 합니다. 다음의 예시를 참조할
수 있습니다.

영화 〈템플 그랜딘〉을 시청하세요.

| 과제 | 영화 〈템플 그랜딘〉과 관련하여 토론을 진행합니다. 토론 요령은 다음과 같습니다. |

영화 〈템플 그랜딘〉과 관련하여 토론을 진행합니다. 토론 요령은 다음과 같습니다.

1 토론 문제는 총 3문제입니다.

- 템플 그랜딘이 시설에 들어가게 되었다면 어떤 결과가 나왔을까요?
- 템플 그랜딘은 어떤 방식으로 학습해야 했나요? 그에게 필요한 지원은 무엇이었나요?
- 템플 그랜딘의 남자 과학선생님이 다른 선생님과 달랐던 점은 무엇이었나요?

2 플립그리드(Flipgrid.com)에 접속하여 모든 문제에 대해 자신의 생각을 녹화 영상 댓글로 답합니다.

3 다른 사람의 녹화 영상 댓글에 대하여 녹화 영상 댓글을 다는 방식으로 토론합니다. (1개 이상)

4 따라서 모든 사람이 총 2개 이상의 댓글을 올리게 될 것입니다.

5 '좋아요', '동의합니다' 등 지나치게 단순하여 도움이 되지 않는 댓글은 댓글 수에 포함되지 않습니다.

> **TIP**
>
> **영화, 게임, 책 등의 스토리 콘텐츠 활용** | 스토리를 이용한 교수 방법은 어린아이들만을 위한 것이 아닙니다. 복잡하고 어렵고 추상적인 개념도 스토리를 이용하면 쉽게 가르칠 수 있습니다. 스토리는 지식들을 서로 연결시켜 주고, 시간과 공간의 맥락을 제공하기 때문입니다. 이러한 스토리를 통해 학습자는 자신과 동떨어져 있던 지식을 의미 있는 지식으로 받아들이게 됩니다. 학습자가 지식을 능동적으로 탐구하며 깊이 있게 이해하기 위해서는 그 지식이 자신에게 의미가 있다고 느껴져야 합니다.
>
> 온라인수업은 스토리 콘텐츠를 활용할 수 있는 좋은 환경입니다. 스토리는 영화, 게임, 책 등 다양한 콘텐츠로 제시될 수 있습니다. 하지만 스토리 콘텐츠를 제시할 때에는 그 콘텐츠에 대한 사전 설명과 함께, 어떤 점을 눈여겨보아야 하는지 약간의 가이드라인을 주는 것이 좋습니다. 한 편의 영화도 다양한 관점에서 분석할 수 있기 때문입니다. 스토리텔링을 볼 것인지, 조명이나 의상을 볼 것인지, 캐릭터 특성을 볼 것인지, 영화가 주는 교훈을 볼 것인지 등 대략적인 포커스 포인트를 제공하는 것이 효과적입니다. 해당 콘텐츠를 제시하는 목적도 뚜렷해야 합니다. 단순히 영화가 좋아서, 게임이 재미있어서라는 이유여서는 안 됩니다. 교수자가 콘텐츠를 통해 성취하고자 하는 학습 목표가 명확해야 하고, 학생들도 이 목표를 알고 임해야 합니다.

강의 콘텐츠 + 퀴즈 과제

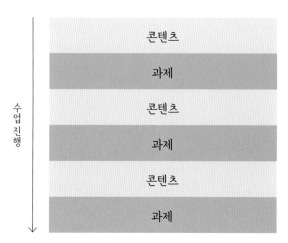

짧은 강의 영상을 보고 퀴즈를 풀게 합니다. 다음 예시를 참조할 수 있습니다.

콘텐츠 ①

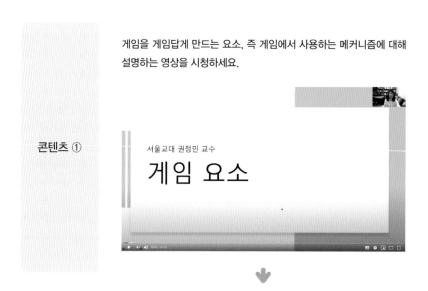

과제 ①

구글 링크에 접속해 퀴즈에 답하세요.

1. 요즘 즐겨 플레이하고 있는 게임이 있나요? 어떤 게임인가요?

단답형 텍스트

2. 비디오에서 설명한 게임요소를 요즘 즐겨 플레이하는 게임에서 찾아보세요. 어떤 요소가 사용되고 있나요?

단답형 텍스트

3. 다음 중 게임요소가 아닌 것은?

○ 미션주기

○ 보상주기

○ 소리듣기

○ 자원모으기

콘텐츠 ②

게임과 교육의 공통점에 대해 알 수 있는 영상을 시청하세요.

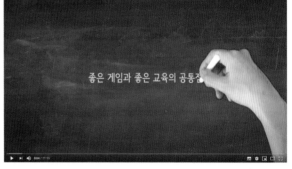

과제 ②

방금 본 영상을 바탕으로 학급 게임을 하나 만들어 보세요. 아래 빈칸에 게임의 목적과 플레이 방법을 설명합니다. 필요하면 그림을 사용해도 괜찮습니다.

대면수업과 원격수업에서 학습 활동을 게임화하는 방법에 대해 설명하는 영상을 시청하세요.

온/오프라인
학급 게임 만들기:
몇 가지 게임화 전략들과 Zoom 활용

서울교대 권정민 교수

구글 폼 링크에 접속해 퀴즈에 답하세요.

1. 영상에서 언급한 여러 가지 수업 게임화 방법 중 한 가지를 골라 수학 교과에 적용할 수 있는 아이디어를 한 가지 간단히 적어보세요.

단답형 텍스트

2. 다음 중 수업 게임화에서 바람직한 룰을 모두 골라보시오.

☐ 소외되는 아이가 없게 한다.

☐ 열심히 하게 하기 위해 소수의 위너가 생기도록 디자인한다.

☐ 보상을 이용한 컨트롤을 한다.

☐ 잠재적 교육과정을 고려해야 한다.

02 콘텐츠 + 실시간 수업 모형

1 게임 콘텐츠 + 실시간 토론 수업

실시간 수업

콘텐츠

수업진행

실시간 수업

함께 게임을 해 보고 실시간 수업에서 게임에 대해 토론하게 합니다. 다음 예시를 참조할 수 있습니다.

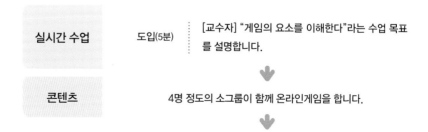

| 실시간 수업 | 도입(5분) | [교수자] "게임의 요소를 이해한다"라는 수업 목표를 설명합니다. |

| 콘텐츠 | | 4명 정도의 소그룹이 함께 온라인게임을 합니다. |

실시간 수업	수업 활동 ① 토론(15분)	[학습자_실시간 화상회의] 소그룹별로 모여 플레이한 게임에서 사용된 게임 요소가 무엇이었는지 토론합니다. 그룹원 중 1명이 토론 내용을 파워포인트에 정리합니다.
	수업 활동 ② 발표(15분)	[학습자_실시간 화상회의] 학생 전체가 모입니다. 소그룹별로 토론한 내용을 발표합니다.
	마무리(5분)	[교수자] 수업을 정리하고 다음 수업을 예고합니다.

② 강의 콘텐츠 + 실시간 수업 (거꾸로 교실)

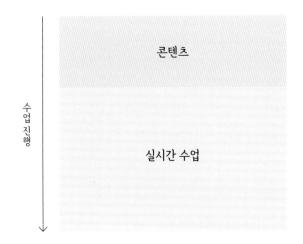

강의 영상을 집에서 보고 온 후, 실시간 화상회의로 토론하게 합니다. 다음 예시를 참조할 수 있습니다.

콘텐츠
(가정)

'온/오프라인 학급 게임 만들기'에 관한 강의 영상을 가정에서 개별적으로 시청합니다.

소그룹으로 나누어 각 그룹에 교과목을 하나씩 할당합니다. 예를 들어 '1조는 국어, 2조는 수학, 3조는 사회, 4조는 과학, 5조는 체육, 6조는 음악'으로 정할 수 있습니다. 소그룹별로 주어진 교과목의 단원 중 하나를 골라 게임화할 수 있는 방법에 대해 토론합니다. 토론을 통해 직접 게임을 만들어 볼 수도 있습니다.

이후 학급 전체 학생이 모입니다. 그룹별로 자신의 그룹에서 구상한 게임에 대해 설명합니다. 온라인에서 할 수 있는 게임을 만들었다면 전체 학생들과 함께 해 봅니다.

실시간 수업

03 과제 + 실시간 수업 모형

1 과제 + 실시간 아이스브레이킹 수업

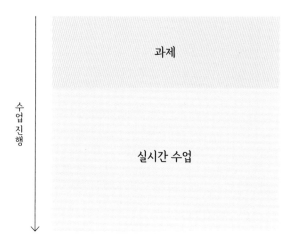

과제로 자기소개 비디오를 촬영하고 게시한 뒤, 실시간 수업에서 아이스브레이킹 활동을 합니다. 다음 예시를 참조할 수 있습니다.

과제	90초짜리 자기소개 비디오 영상을 찍어 플립그리드에 게시하세요. 첫 수업 시간 전에 올려야 하며, 다른 사람이 올린 비디오도 확인합니다.
실시간 수업	교수자가 과목에 대해 오리엔테이션을 하고, 전체 학생들과 아이스브레이킹 활동을 진행합니다.

② 실시간 토론 수업 + 비디오 제작 과제

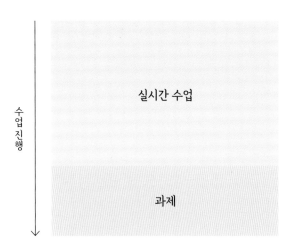

실시간 토론 수업으로 질적 연구 방법을 공부하고, 과제로 프로젝트 수행 과정을 비디오로 촬영하여 게시하게 합니다. 다음 예시를 참조할 수 있습니다.

실시간 수업	도입(5분)	[교수자] "질적 연구 방법의 철학에 대하여 안다"라는 수업 목표를 설명합니다.
	수업 활동 ①: 전체 토론(20분)	[학습자_실시간 화상회의] 전체 학생이 모여 두 가지 연구 패러다임에 대해 토론합니다. 질적 연구는 어느 패러다임에 속하는지에 대해 토론합니다.
	수업 활동 ②: 소그룹 토론 (20분)	[학습자_실시간 화상회의] 소그룹으로 나누어 주어진 연구 문제가 질적 연구 방법에 적합한지 토론합니다.
	마무리(5분)	[교수자] 수업을 정리하고 다음 수업을 예고합니다. 과제에 대해 설명합니다.
과제 (가정)		질적 연구 방법을 사용한 연구물을 찾아 요약하고, 어떤 점이 흥미로웠는지 5분 이내의 비디오로 촬영하여 게시판에 게시하세요.

04 월간/주간/일간 수업 모형

1 대학 월간 수업 모형 예시 (주2회 강좌)

	화	목
1주차	실시간 수업	콘텐츠＋과제
2주차	실시간 수업	콘텐츠＋과제
3주차	실시간 수업	콘텐츠＋과제
4주차	실시간 수업	콘텐츠＋과제

2 초·중등 주간 수업 모형 예시-1

월	화	수	목	금
모닝 미팅	모닝 미팅	모닝 미팅		
실시간 수업	실시간 수업	실시간 수업	비실시간 수업	비실시간 수업
비실시간 수업	비실시간 수업	비실시간 수업		

3 초·중등 주간 수업 모형 예시-2

월	화	수	목	금
		모닝 미팅	모닝 미팅	모닝 미팅
등교 수업	등교 수업	실시간 수업	실시간 수업	프로젝트형 수업 (실시간)
복습 성격의 토론	복습 성격의 토론	콘텐츠 제시형 수업	콘텐츠 제시형 수업	콘텐츠 제시형 수업

4 초등 일간 수업 모형 예시

1교시		모닝 미팅
2교시	실시간 수업	체육 선생님과 실시간으로 몸 움직이는 게임하기
3교시		과학 원리를 설명하는 비디오(비실시간 콘텐츠)를 본 후 간단한 퀴즈 풀기 이후 실시간 화상회의로 만나 토론하며 퀴즈 문제에 대한 답 찾기
4교시	비실시간 수업	간단한 영어 만화를 읽은 후, 다음 장면을 상상해서 스케치하고 스토리 쓰기
5교시		미술 과제를 완성한 후 과제로 패들렛에 자신의 작품을 찍어 올리기

맺음말

이 모든 것이 여전히 어렵다면

지금까지 인강식 수업에서 벗어나 상호작용적 수업을 하는 방법에 대해 소개했습니다. 퇴직을 앞두고 계신 교수님도, 테크놀로지와 친하지 않은 선생님도 누구나 쉽게 따라 해 보실 수 있도록 구성하였습니다. 그럼에도 여전히 어렵고 막막하게 느껴지는 분들이 계실지도 모르겠습니다. 그런 분들을 위해 마지막 팁을 드립니다.

작게 시작하세요. 상호작용적 수업이라고 해서 처음부터 끝까지 다 상호작용만 있어야 하는 것은 아닙니다. 때에 따라 강의도 필요합니다. 학생들이 외워야 할 내용도 있고, 시험도 봐야 합니다. 수업을 100% 전환해야 한다고 생각하지 마세요. 그것이 꼭 바람직하지도 않습니다.

가장 좋은 방법은 아주 작은 것부터 시도해 보는 것입니다. 수업 한 번에 한 가지씩 시도해 보시기 바랍니다. 예를 들면 첫날은 재미있게 출석 부르기만 해 보는 것입니다. 그 후에 하던 대로 수업을 하시면 됩니다. 그 다음 수업 때는 게시판 토론하기만 시도해 보세요. 또 그다음 수업 때는 실시간 토론만 시도해 보시고요. 이런 식으로 수업 한 번에 한 가지씩 시도하다 보면 점차 노하우가 생기고 익숙해집니다. 학생들도 인강만 듣는 것보다는 작은 상호작용 활동이 하나라도 있으면 훨씬 더 기대를 갖고 수업에 임하게 됩니다.

학습자들을 재미있게 해 주세요. 1강에서 설명한 교육학의 원리들, 전략들은 다 잊어도 됩니다. '어떻게 하면 학습자들을 재미있게 해 줄까?'를 고민하고 시도하다 보면, 어느새 그 원리와 전략을 적용하고 있는 자신을 발견하게 될 것입니다.

다만, 여기서 '재미'는 학습과 동떨어진 재미여서는 안 됩니다. 학습에서의 재미는 일반적인 엔터테인먼트와는 다릅니다. 학습에서의 재미란 궁극적으로 의미 있는 학습 활동에서 나옵니다. 따라서 재미는 수업 안에, 교수학습 방법 안에 존재해야 합니다. 공부를 재미있게 해 줄 방법들을 찾아보세요. 그것으로 절반은 성공했다고 볼 수 있습니다. 재미 그 자체가 경험적이고 상호작용적이기 때문입니다.

인강식 수업을 계속 하실 거라면 강의를 재미있게 하세요. 강의력이 좋은 분들이 있습니다. 이 분들은 스토리텔링을 잘하거나, 강의 중에 이미 상호작용을 하고 있거나, 청중과 호흡을 맞추는 것이 무엇인지 아는 분들입니다. 전략이야 어떠하든, 강의가 재미있으면 사소한 문제들이 있더라도 그다지 부각되지 않습니다. 교수자 혼자 일정한 톤으로 중얼중얼 강의만 해서 학습자들을 지루하게 만들지 마세요. 대면 환경에서도 집중하기 어려운 이러한 수업을 원격수업으로 하면 더욱 집중하기 힘듭니다.

재미를 위해서는 내용도 중요하지만 사운드와 비주얼도 한몫합니다. 사운드와 비주얼은 없고 내용만 있는 할리우드 영화가 얼마나 밋밋할지 상상해 보시기 바랍니다. 목소리가 또렷하게 들리도록 녹음하고, 얼굴이 잘 나오게 녹화하고, 슬라이드도 멋지게 디자인해서 학습자들이 집중할 수 있게 만들어야 합니다.

마지막으로, 상호작용적인 수업의 목적은 학습자가 깊이 있는 학습을 하는 것이지, 교수자가 강의 평가를 잘 받는 것이 아닙니다. 학습자들은 재미있는 수업을 좋아하지만, 알맹이 없이 재미만 있다면 그 수업은 궁극적으로 우리가 원하는 수업이 아닙니다. 상호작용적 수업을 하면 학습자들이 학습에 투자해야 하는 시간이 늘어날 수밖에 없습니다. 수업 시간에만 잠깐 강의를 듣고 끝나는 것이 아니라, 수업 전후에 해야 할 것들이 많아지기 때문입니다. 원격수업을 단 하루만 하더라도 그 수업은 풀full 수업이 되어야 합니다. 임시 원격수업이라는 것은 없습니다. 학습자와 온라인으로 만나는 시간을 소중하게 여기고 최선을 다해 깊이 있는 학습이 일어나도록 노력하는 교수자가 되시길 바랍니다!

찾아보기